Caderno do Futuro

A evolução do caderno

HISTÓRIA

6º ano
ENSINO FUNDAMENTAL

3ª edição
São Paulo - 2013

IBEP

Coleção Caderno do Futuro
História
© IBEP, 2013

Diretor superintendente Jorge Yunes
Gerente editorial Célia de Assis
Editor Márcia Hipólide
Assistente editorial Érika Domingues do Nascimento

Revisão Luiz Gustavo Bazana
Coordenadora de arte Karina Monteiro
Assistente de arte Marilia Vilela
Nane Carvalho
Carla Almeida Freire
Coordenadora de iconografia Maria do Céu Pires Passuello
Assistente de iconografia Adriana Neves
Wilson de Castilho
Produção gráfica José Antônio Ferraz
Assistente de produção gráfica Eliane M. M. Ferreira
Projeto gráfico Departamento de Arte Ibep
Capa Departamento de Arte Ibep
Editoração eletrônica N-Publicações

CIP-BRASIL. CATALOGAÇÃO-NA-FONTE
SINDICATO NACIONAL DOS EDITORES DE LIVROS, RJ

O76h
3.ed

Ordoñez, Marlene, 1941-
    História : 6º ano / Marlene Ordoñez. - 3. ed. - São Paulo : IBEP, 2013.
    il. ; 28 cm   (Caderno do futuro)

    ISBN 978-85-342-3544-0 (aluno) - 978-85-342-3548-8 (mestre)

    1. História - Estudo e ensino (Ensino fundamental). I. Título. II. Série.

12-8675.   CDD: 372.89
                                CDU: 373.3.016:930

27.11.12   30.11.12   041052

Impressão - Gráfica Impress - Fevereiro 2018

3ª edição – São Paulo – 2013
Todos os direitos reservados.

IBEP
Av. Alexandre Mackenzie, 619 – Jaguaré
São Paulo – SP – 05322-000 – Brasil – Tel.: (11) 2799-7799
www.editoraibep.com.br   editoras@ibep-nacional.com.br

SUMÁRIO

1. O QUE É HISTÓRIA 4

2. A PRÉ-HISTÓRIA 9

3. A ANTIGUIDADE ORIENTAL: EGITO 17

4. A ANTIGUIDADE ORIENTAL: MESOPOTÂMIA 29

5. A ANTIGUIDADE ORIENTAL: PALESTINA 35

6. CRETA E FENÍCIA 41

7. A ANTIGUIDADE ORIENTAL: PÉRSIA 48

8. CIVILIZAÇÕES DO EXTREMO ORIENTE: CHINA E ÍNDIA 55

9. ANTIGUIDADE OCIDENTAL OU CLÁSSICA: GRÉCIA 63

10. ANTIGUIDADE OCIDENTAL OU CLÁSSICA: ROMA 86

11. OS REINOS BÁRBAROS 108

12. O IMPÉRIO BIZANTINO 117

13. OS ÁRABES 124

14. O FEUDALISMO 130

ESCOLA

NOME

PROFESSOR

HORA	SEGUNDA	TERÇA	QUARTA	QUINTA	SEXTA	SÁBADO

PROVAS E TRABALHOS

1. O que é História

História é a ciência que estuda as realizações do homem e as transformações da sociedade ao longo do tempo.

Tradicionalmente, costuma-se dividir a evolução da humanidade em **Pré-História** e **História**.

Os primeiros seres humanos surgiram na Terra há aproximadamente 1 milhão de anos. Eram nômades, isto é, viviam se deslocando de uma região para outra em busca de alimentos. Observando a natureza, aprenderam a plantar, desenvolvendo a **agricultura**. Esse fato os levou a se tornar **sedentários**. Começaram então a surgir as civilizações, e os seres humanos inventaram a escrita.

A invenção da **escrita** é usada como referência para separar a Pré-História da História.

1. O que é História?

2. A evolução da humanidade tradicionalmente se divide em _____ e _____.

3. Escreva o que significa:

a) Nômade:

b) Sedentário:

4. O fato que marcou a passagem da fase nômade para a sedentária foi o desenvolvimento da _____.

5. O fato que se usa para marcar o início das civilizações ou períodos da História é a invenção da _____.

Para **contar o tempo**, os seres humanos inventaram **calendários**, usando como marcos fatos importantes em suas sociedades.

Os povos ocidentais, dos quais fazemos parte, usam o calendário cristão, isto é, contam o tempo a partir do nascimento de Jesus Cristo, considerado o ano 0. Se um fato ocorreu antes disso, diz-se que foi em determinado ano a.C., ou seja, antes de Cristo.

No calendário cristão, a cada 100 anos temos um século, e a cada 1.000 anos temos um milênio. Os séculos começam com a dezena 01 e terminam com a dezena 00.

ANOS										
1 até 100	101 até 200	201 até 300	301 até 400	401 até 500	501 até 600	601 até 700	701 até 800	801 até 900	901 até 1000	1001 até 1100
SÉCULOS										
I	II	III	IV	V	VI	VII	VIII	IX	X	XI

ANOS									
1101 até 1200	1201 até 1300	1301 até 1400	1401 até 1500	1501 até 1600	1601 até 1700	1701 até 1800	1801 até 1900	1901 até 2000	2001 até 2100
SÉCULOS									
XII	XIII	XIV	XV	XVI	XVII	XVIII	XIX	XX	XXI

6. Para contar o tempo, os seres humanos inventaram calendários, usando _____ importantes para marcá-los. Hoje, a maioria dos povos do Ocidente adota o calendário _____, que tem como ponto de referência para a contagem do tempo o nascimento de _____.

7. Escreva na frente da data o século correspondente:

a) 478 (queda do Império Romano do Ocidente): século _____.

b) 1453 (tomada de Constantinopla pelos turcos): século _____.

c) 1500 (descoberta do Brasil): século _____.

d) 1501 (primeira expedição exploradora no Brasil): século _____.

e) 1789 (Revolução Francesa): século _____.

f) 2000 (último ano do milênio): século _____.

A História, ou tempos históricos, pode ser dividida em quatro períodos, para ser mais bem estudada.

Uma das divisões mais tradicionais é em idades:

- **Idade Antiga:** vai da invenção da escrita, 4.000 anos antes de Cristo, até a queda do Império Romano do Ocidente, em 476.
- **Idade Média:** da conquista do Império Romano do Ocidente até a invasão de Constantinopla pelos turcos, em 1453.
- **Idade Moderna:** da invasão de Constantinopla até a Revolução Francesa, em 1789.
- **Idade Contemporânea:** da Revolução Francesa até nossos dias.

O passado é estudado por meio de todos os vestígios e registros deixados por nossos antepassados. Os historiadores procuram documentos, ruínas, inscrições, livros, poemas, cartas, enfim, tudo que possa ajudar na reconstrução dos acontecimentos. Esses registros do passado são chamados de **fontes históricas**.

8. Para melhor compreendermos os tempos históricos, ou História, costumamos dividi-la em quatro períodos ou idades, que são:

Idade _____,
Idade _____,
Idade _____ e
Idade _____.

9. Para reconstruir o passado, os historiadores procuram documentos, ruínas, vestígios, enfim, todo tipo de registro deixado pelos homens que viveram antes de nós. O conjunto desse material são as chamadas _____.

10. Assinale a alternativa correta. Nós vivemos atualmente o período da:

a) Idade Antiga. ( )
b) Idade Média. ( )
c) Idade Moderna. ( )
d) Idade Contemporânea. ( )

Revisão

1. A ciência que estuda as realizações do ser humano e as transformações da sociedade ao longo do tempo chama-se:

a) Geografia. ( )
b) Antropologia. ( )
c) História. ( )
d) História Natural. ( )

2. Pré-História e História são conceitos que podem ajudar a entender:

a) A evolução da humanidade. ( )
b) A formação geológica do planeta em que vivemos. ( )
c) As transformações físicas do homem. ( )
d) O desenvolvimento do Universo. ( )

3. Assinale a alternativa correta:

a) Um povo é nômade quando vive se deslocando de uma região para outra. ( )

b) Um povo é sedentário quando não tem morada fixa em uma região. ( )

c) Um povo é nômade quando tem morada fixa em uma região. ( )

d) Um povo é sedentário quando vive se deslocando de uma região para outra. ( )

4. O desenvolvimento da agricultura pela humanidade foi tão importante que é chamado de Revolução Agrícola, porque a partir daí o homem:

a) Deixou de ser sedentário. ( )

b) Deixou de ser nômade. ( )

c) Deixou de ser caçador e pescador. ( )

d) Parou de construir cidades. ( )

5. Para os historiadores, a passagem da Pré-História para a História é marcada pela invenção:

a) Da roda. ( )
b) Do fogo. ( )
c) Da escrita. ( )
d) Do alfabeto. ( )

6. Coloque F para falso e V para verdadeiro:

a) O tempo sempre foi contado por um único calendário, comum a todas as civilizações. ( )

b) Para contar o tempo, os seres humanos usam fatos/acontecimentos importantes como divisões. ( )

c) Em nossa civilização, usamos o calendário cristão para marcar o tempo. ( )

d) Nosso calendário usa como referência para o ano 1 a morte de Jesus Cristo. ( )

7. Escreva na frente da data o século correspondente:

a) 1822 (ano da Independência do Brasil): século _____.

b) 1789 (ano da morte de Tiradentes): século _____.

c) 1530 (ano do início da colonização do Brasil): século _____.

d) 2002 (ano em que Lula foi eleito para a Presidência do Brasil): século _____ .

8. Qual a sequência correta de períodos históricos?

a) Idade Antiga, Idade Média, Idade Moderna e Idade Contemporânea. ( )

b) Idade Antiga, Idade Média, Idade Contemporânea e Idade Moderna. ( )

c) Idade Antiga, Idade Moderna, Idade Média e Idade Contemporânea. ( )

d) Idade Média, Idade Antiga, Idade Moderna e Idade Contemporânea. ( )

9. O que são fontes históricas?

10. Em qual período histórico o Brasil foi descoberto?

a) Idade Antiga. ( )
b) Idade Média. ( )
c) Idade Moderna. ( )
d) Idade Contemporânea. ( )

Anotações

2. A Pré-História

Pré-História é a grande etapa que se iniciou com o desenvolvimento dos primeiros hominídeos e terminou com a criação da escrita, por volta de 4000 a.C.

Descobertas recentes mostram que já existiam hominídeos há pelo menos 6 milhões de anos.

O **Homo sapiens** (homem racional) apareceu há cerca de 90 mil anos. O **Homo sapiens sapiens**, ao qual nos assemelhamos, surgiu há 35 mil anos.

Desde o início do seu desenvolvimento, o ser humano foi acumulando conhecimentos e aperfeiçoando seus instrumentos: aprendeu a utilizar e a produzir o fogo; desenvolveu formas de expressão oral; criou a agricultura, tornando-se sedentário.

Por causa da ausência de documentação escrita do período pré-histórico, para conhecê-lo precisamos analisar os vestígios (instrumentos, armas, restos de alimentos, fósseis etc.) deixados nas cavernas e nas regiões ocupadas pelo homem daquela época.

1. O que é Pré-História?

2. A idade aproximada dos hominídeos é de:

a) 3 milhões de anos. ( )
b) 6 milhões de anos. ( )
c) 4 mil anos. ( )
d) mil anos. ( )

3. Se não há documentação escrita sobre a Pré-História, como se faz para estudá-la?

4. O homem, já na Pré-História, apresentou grande evolução cultural. Por exemplo:

a) Dominou o fogo e descobriu a agricultura. ( )
b) Construiu palácios e templos. ( )
c) Inventou armas de guerra sofisticadas, como catapultas. ( )
d) Desenvolveu a escrita. ( )

5. A humanidade atual pertence ao grupo dos _____, surgido há 35 mil anos.

Costuma-se dividir a Pré-História em dois períodos: o **Paleolítico**, o mais antigo e de maior duração, também conhecido como da Pedra Lascada, e o **Neolítico**, ou da Pedra Polida.

Paleolítico: inicia-se com o desenvolvimento dos primeiros hominídeos e termina com a **revolução agrícola** ou o desenvolvimento da agricultura.

Os alimentos eram obtidos com a caça, a pesca e a coleta de raízes e frutos. Os seres humanos eram nômades, pois estavam sempre à procura de regiões mais ricas em animais e peixes. Viviam ao ar livre e abrigavam-se em cavernas e, inicialmente, para se defender, utilizavam o que a natureza lhes oferecia: pedras e pedaços de madeira. Aos poucos, aprenderam a confeccionar artefatos de pedra lascada, como o furador e o raspador.

O domínio do fogo foi uma importante conquista do ser humano nesse período. O fogo fornecia calor, protegia contra os animais e era usado para o endurecimento dos utensílios de barro; posteriormente, passou a ser utilizado para a preparação de alimentos. No princípio, o ser humano conservava o fogo que encontrava naturalmente, mas logo aprendeu a produzi-lo.

Os seres humanos do Paleolítico associavam-se em hordas pouco numerosas. Não havia a propriedade privada. Os bens pertenciam a todos, e os trabalhos eram realizados de forma coletiva. Somente os instrumentos de trabalho, as vestimentas e os adornos eram propriedade individual.

No final do período Paleolítico, os instrumentos de pedra passaram a ser aprimorados. Surgiram também as primeiras manifestações artísticas da humanidade: a arte rupestre. Nas paredes das cavernas, o ser humano desenhava animais, com sentido mágico, para favorecer a caça. Acreditava que, pintando os animais, eles apareceriam durante a caçada. A essa prática dá-se o nome de **magia simpática**.

Pelos vestígios da época, acredita-se que, nessa fase, começaram a surgir as primeiras manifestações religiosas. É provável que o ser humano do Paleolítico acreditasse em uma vida após a morte, pois, junto a alguns túmulos, foram encontrados objetos pertencentes aos mortos.

6. Para melhor compreender a Pré-História, é possível dividi-la em dois grandes períodos, que são o _____, ou da _____, e o _____, ou da _____.

7. Quando começa e quando termina o período Paleolítico?

8. Inicialmente, por viver da _____, da _____ e da _____, o ser humano era nômade. Entretanto, ao desenvolver a agricultura, pôde fixar-se numa região e tornar-se _____.

9. Descreva a vida dos seres humanos no período Paleolítico: onde moravam, o que comiam, e que artefatos produziam.

10. O que significou a descoberta e a produção do fogo para os seres humanos do período Paleolítico?

11. Sobre o período Paleolítico, **NÃO** é correto afirmar que:

a) A terra pertencia a todos e o trabalho era coletivo. ( )

b) Os bens individuais compunham-se apenas das vestimentas, dos artefatos e dos ornamentos. ( )

c) O resultado da caça, da pesca e da coleta era distribuído entre todos do grupo. ( )

d) Cada indivíduo era dono de um pedaço de terra. ( )

12. Sobre as pinturas deixadas pelos seres humanos do Paleolítico nas cavernas, podemos dizer que:

a) Elas provavelmente representam apenas um desejo de expressão artística. ( )

b) São pinturas ligadas ao que chamamos de magia simpática. (　)

c) Ninguém consegue entender o que representam, pois são muito abstratas. (　)

d) Eram uma forma de escrita muito bem organizada e desenvolvida. (　)

> Gradativamente, iniciou a atividade do pastoreio. Também passou a se dedicar a outras atividades, como a tecelagem, a cestaria e a cerâmica.

13. O período Neolítico se estende do desenvolvimento _____ até a invenção da _____.

14. Qual a relação entre a revolução agrícola e o fato de o ser humano ter se tornado sedentário?

NEOLÍTICO

Foi o período compreendido entre o desenvolvimento da agricultura e a invenção da escrita. A passagem do Paleolítico para o Neolítico é marcada pela **revolução agrícola**. O ser humano, começando a praticar a agricultura, deixa de ser coletor para se tornar produtor de alimentos. O cultivo da terra gerou várias transformações. O ser humano adquiriu condições de sedentarização, isto é, pôde fixar-se em uma região, pois produzir alimentos lhe garantia uma forma mais segura de sobrevivência. Além disso, também podia estocá-los. Essa nova situação trouxe como resultado a melhora do padrão de vida, a diminuição da mortalidade, maior longevidade e, naturalmente, tornou possível um rápido aumento da população.

O ser humano procurou morar próximo aos lugares mais férteis para plantar. Passou a construir habitações nas margens dos rios e lagos, às vezes até mesmo dentro da água. Essas habitações são denominadas **palafitas**.

15. A revolução agrícola trouxe para a humanidade a seguinte transformação:

a) O ser humano deixou de ser produtor de alimentos e passou a viver da caça e da pesca. (　)

b) O sedentarismo foi substituído pelo nomadismo. (　)

c) O ser humano passou a desenvolver outras atividades, como o pastoreio, a tecelagem, a cestaria e a cerâmica. (　)

d) Aumentou a mortalidade, por causa das condições precárias de moradia. ( )

A ORIGEM DA PROPRIEDADE PRIVADA E DO ESTADO

Por volta de 6.000 a.C., iniciou-se a utilização dos metais. Primeiro foi usado o cobre, depois o estanho. Em seguida, foram desenvolvidas as técnicas de fundição, que permitiram a obtenção de metais mais resistentes. Da liga de cobre e estanho, o ser humano obteve o bronze e fundiu o ferro.

Começou a existir uma divisão do trabalho. Enquanto os homens praticavam a caça e a pesca, às mulheres ficava reservado o papel de plantar e colher alimentos. Além disso, enquanto alguns cuidavam da terra, outros se dedicavam ao artesanato, produzindo utensílios.

A produção começou a ser maior do que o consumo. Entretanto, o excedente, que deveria pertencer a todos, começou a ser apropriado por alguns, o que provocou o aparecimento da **propriedade privada**. A terra, os animais e os instrumentos de trabalho também passaram a ser propriedade de poucos. Com isso, surgiu a desigualdade social.

Para garantir a propriedade, os donos das terras e dos instrumentos de trabalho passaram a fazer leis e criaram o Estado, para assegurar que as leis fossem respeitadas, dando origem ao poder político propriamente dito. Algumas pessoas começaram a ser encarregadas da administração e outras, das tarefas militares.

O culto aos mortos e às forças da natureza favoreceu o aparecimento dos sacerdotes.

Quando o ser humano criou a escrita, foi possível, então, uma reconstrução sistemática da História.

16. Depois da pedra lascada e da pedra polida, o ser humano começou a fabricar artefatos feitos de _____. Isso aconteceu graças à descoberta das _____.

17. Como surgiu a desigualdade social?

18. Como nasceram o Estado e o poder político?

19. A reconstrução sistemática da História apenas se tornou possível depois da invenção:

a) Da roda. ( )
b) Da agricultura. ( )
c) Dos metais. ( )
d) Da escrita. ( )

> **UMA DIVISÃO DA HISTÓRIA**
>
> A História é um processo contínuo, mas, para facilitar seu estudo, foi feita uma divisão em quatro etapas ou idades: Antiga, Média, Moderna e Contemporânea.
>
> Essa divisão foi elaborada por historiadores europeus, que se basearam em acontecimentos particulares de seu continente.
>
> De acordo com essa divisão, a **Idade Antiga** estende-se da invenção da escrita, por volta de 4000 a.C., até a queda do Império Romano do Ocidente, em 476 d.C. Desta data até 1453, com a queda de Constantinopla, capital do Império Bizantino (Império Romano do Oriente), tem-se a **Idade Média**. A **Idade Moderna** é o período que vai de 1453 até 1789, com o início da Revolução Francesa. A partir daí, até os dias atuais, tem-se a **Idade Contemporânea**.

20. Coloque F para falso e V para verdadeiro.

a) A divisão da História é rígida e deve valer para todas as civilizações. ( )

b) A divisão da História pode ser feita de muitas maneiras e deve auxiliar a compreensão da evolução humana. ( )

c) No mundo ocidental, convencionou-se dividir a História em quatro grandes períodos ou idades. ( )

d) A História não é um processo contínuo, porque sofre interrupções em razão das guerras e das grandes tragédias. ( )

21. Escreva os fatos a que se referem as seguintes datas, consideradas como marcos da divisão da História:

a) 4000 a.C.:

b) 476:

c) 1453:

d) 1789:

Revisão

1. A Pré-História pode ser definida como:

a) O período que antecede a História. ( )

b) A grande etapa que se inicia com o desenvolvimento do primeiro hominídeo. ( )

c) O período em que o ser humano ainda não conhecia a escrita. ( )

d) Todas as alternativas estão corretas. ( )

2. Para estudar a Pré-História, os pesquisadores procuram:

a) Documentos escritos e livros. ( )

b) Ruínas de palácios e templos. ( )

c) Vestígios deixados nas cavernas e nas regiões ocupadas pelo ser humano naquela época. ( )

d) Desenhos e esboços nas ruínas de bibliotecas da época. ( )

3. O ser humano, já na Pré-História, apresentou grande evolução cultural. Dê exemplos dessa evolução.

4. Inicialmente, por viver da caça, da pesca e da coleta de frutas e raízes, o ser humano:

a) Era nômade. ( )

b) Era sedentário. ( )

c) Vivia em casas chamadas palafitas. ( )

d) Vivia em cidades perto das florestas. ( )

5. Pintura rupestre significa:

a) Pintura dos antigos camponeses. ( )

b) Desenhos encontrados nas paredes das cavernas. ( )

c) Arte religiosa da Antiguidade. ( )

d) Prática de feitiçaria das sociedades contemporâneas. ( )

6. Nas comunidades pré-históricas, havia uma divisão de trabalho entre:

a) Senhores e escravos. ( )
b) Homens e mulheres. ( )
c) Adultos e crianças. ( )
d) Não havia divisão de trabalho. ( )

7. Pode ser considerada uma causa para o aparecimento da desigualdade social, do Estado e do poder político:

a) O aparecimento da propriedade privada. ( )

b) O trabalho coletivo. ( )

c) A divisão de trabalho. ( )

d) O fato de o ser humano ser nômade. ( )

8. Como se divide a História? Qual o período de cada uma dessas divisões?

Anotações

3. A Antiguidade Oriental: Egito

A Idade Antiga ou Antiguidade pode ser dividida em Antiguidade Oriental, na qual se estudam os povos que viveram no Oriente Próximo, e Antiguidade Ocidental ou Clássica, que compreende a história dos gregos e dos romanos, povos que viveram na Europa.

As principais civilizações do Oriente Próximo foram a egípcia, a mesopotâmica, a palestina, a fenícia e a persa. É importante o papel desempenhado pelos rios (Nilo, Tigre e Eufrates) na formação dessas sociedades.

1. A Idade Antiga ou Antiguidade, para ser estudada, pode ser dividida em Antiguidade _____ e Antiguidade _____ ou _____.

2. A Antiguidade Ocidental estuda a história dos:

   a) Egípcios e mesopotâmicos. ( )

   b) Gregos e romanos. ( )

   c) Árabes e judeus. ( )

   d) Japoneses e chineses. ( )

3. Quais foram as principais civilizações que se desenvolveram no Oriente Próximo na Idade Antiga?

4. Qual o fator geográfico que teve papel importante na formação das sociedades da Antiguidade Oriental?

O ESPAÇO GEOGRÁFICO DO EGITO

Situado a nordeste da África, o Egito era um enorme oásis com mais de mil quilômetros de comprimento, graças ao rio Nilo.

Toda a região do delta do Nilo foi chamada de **Baixo Egito**. A área mais ao sul ficou conhecida como **Alto Egito**. O Nilo era também a grande via de transporte e comunicação para os egípcios.

De junho a setembro, abundantes chuvas na cabeceira do Nilo provocavam enchentes em suas margens. Quando as águas voltavam ao volume normal, deixavam no vale um limo fertilizante que, em algumas regiões, chegava a atingir dez metros de espessura. Graças à fertilidade do vale, a agricultura pôde ser largamente desenvolvida, constituindo a base da economia egípcia.

5. Onde se localiza o Egito? Quais são as suas características geográficas mais importantes?

6. A região do delta do rio Nilo era chamada de _____.
A região mais ao sul formava o _____.

7. Sobre o regime de cheias e vazantes do rio Nilo, podemos afirmar que:

a) Provocava sérios danos às populações que viviam em suas margens. ( )

b) Favoreceu enormemente a agricultura egípcia. ( )

c) Derrubava periodicamente os diques e destruía os canais de irrigação. ( )

d) Permitiu a irrigação dos desertos que cercavam o Egito. ( )

FORMAÇÃO DO EGITO

No quarto milênio a.C., ao longo das margens do rio Nilo, existiam os **nomos**, aldeias agropastoris independentes, cujos governantes eram chamados de **nomarcas**. Os nomos foram reunidos, formando dois reinos: o Baixo Egito, no delta do Nilo, e, mais ao sul, o Alto Egito. Por volta de 3000 a.C., Menés, um príncipe do Alto Egito, unificou os reinos sob seu comando. A partir dessa unificação, teve início o chamado período dinástico do Egito Antigo, que costuma ser dividido em: Antigo Império, Médio Império e Novo Império.

---

8. O que eram nomos?

9. A unificação dos nomos inicialmente deu origem a dois reinos, que foram chamados de _____, no _____ do rio Nilo, e _____, mais ao sul.

10. Como começou o período dinástico do Egito Antigo?

11. O período dinástico do Egito Antigo costuma ser dividido em: _____, _____ e _____.

O ANTIGO IMPÉRIO
No Antigo Império, as capitais foram Tínis e Mênfis, e a forma de governo era a monarquia teocrática. O rei, denominado **faraó**, possuía caráter divino, sendo considerado filho do deus Sol. Tinha poder absoluto e atuava como chefe político, supremo legislador, juiz e sacerdote. Nessa época, o Egito não possuía exército permanente.

O faraó era auxiliado por ministros escolhidos entre os membros da alta nobreza. Os **escribas**, pessoas que sabiam ler e escrever, possuíam funções administrativas, principalmente ligadas à cobrança de impostos.

Esses impostos possibilitavam ao faraó acumular grandes riquezas e realizar obras, como a construção de pirâmides e templos.

As pirâmides mais conhecidas, que receberam os nomes dos faraós que mandaram construí-las, são as de **Quéops**, **Quéfren** e **Miquerinos**, na planície de Gisé, guardadas pela Esfinge, uma enorme escultura com corpo de leão e cabeça humana.

Após um período de paz e prosperidade, por volta de 2300 a.C., o Antigo Império entrou em crise, em consequência do fortalecimento do poder dos nomarcas. Houve uma anarquia política, só solucionada por volta do ano 2000 a.C., quando os governantes da cidade de Tebas submeteram os nomos à sua autoridade.

Pirâmides de Quéops, Quéfren e Miquerinos, na planície de Gisé, Egito.

12. Como se caracterizava o governo no Antigo Império egípcio?

13. Quem eram os escribas?

14. De onde vinham os recursos para a construção de grandes obras no Egito Antigo?

15. Foi no Antigo Império que os egípcios construíram obras monumentais, como as _____.
As mais conhecidas, localizadas na planície de _____, são as de _____, _____ e _____, guardadas por uma estátua gigantesca, a _____.

O MÉDIO IMPÉRIO

O Médio Império marcou o restabelecimento da monarquia nacional. A capital do Egito passou a ser a cidade de Tebas. Foram construídos muitos canais de irrigação e reservatórios de água.

Por volta de 1750 a.C., o Egito foi invadido pelos hicsos, um povo oriundo da Ásia. Eram militarmente superiores aos egípcios, possuindo armas mais eficientes e carros de guerra puxados por cavalos. Por quase dois séculos, mantiveram o domínio do território. Crises internas decorrentes dessa invasão marcaram o fim do Médio Império. Com a expulsão dos hicsos, em 1580 a.C., teve início uma nova fase, o Novo Império.

O NOVO IMPÉRIO

O Novo Império estendeu-se até 525 a.C. e caracterizou-se pelo militarismo e pelo imperialismo. Com um exército bem organizado, muitos faraós partiram para a conquista de vários povos e estenderam as fronteiras egípcias até o rio Eufrates, na Mesopotâmia. Na formação do Império Egípcio destacaram-se os faraós Tutmés III e Ramsés II.

Gastos com campanhas militares e com guerras internas acabaram por enfraquecer o Império Egípcio, favorecendo a invasão de diferentes povos. Os assírios invadiram o império em 670 a.C. e só foram expulsos em 653 a.C. Em 525 a.C., os persas, comandados por Cambises, venceram a Batalha de Pelusa e dominaram o império, governando-o durante aproximadamente 200 anos. Mais tarde, em 332 a.C., Alexandre Magno, da Macedônia, conquistou a região, e, finalmente, em 30 a.C., os egípcios caíram nas mãos dos romanos.

16. A capital do Egito, no Médio Império, passou a ser a cidade de _____.

17. Como terminou o período do Médio Império no Egito Antigo?

18. O Novo Império Egípcio caracterizou-se pelo _____ e pelo _____. Na formação do Império Egípcio, na qual muitas regiões do Oriente Próximo foram conquistadas, destacaram-se os faraós _____ e _____.

19. O período de decadência ocorreu quando o Império Egípcio, enfraquecido, sofreu invasões de vários povos, como os _____, os _____, os _____ e finalmente os romanos.

20. Por que o Egito Antigo entrou em decadência e passou a ser atacado por outros povos?

A ECONOMIA EGÍPCIA

A agricultura era a principal atividade econômica do Egito Antigo. Eram cultivados cereais, oliveiras, alface, cebola, alho, uva, figo, linho etc. Os egípcios aprenderam a aproveitar as águas das enchentes do rio Nilo, construindo canais de irrigação e diques, o que lhes possibilitava aumentar a área de cultivo. Durante o período de inundação do Nilo, os camponeses trabalhavam gratuitamente para os faraós, na construção de túmulos e templos.

A pecuária não apresentou grande desenvolvimento, sendo criados bois, asnos, burros, porcos, carneiros, cabras. Na avicultura, criavam-se patos e gansos. Também eram praticadas a caça e a pesca.

O comércio interno realizava-se em mercados, onde os produtos eram expostos. O comércio externo era controlado pelo Estado e só se iniciou no Médio Império. Os egípcios faziam comércio com a Fenícia, a ilha de Creta, a Palestina e a Síria. Exportavam trigo, cevada, tecidos, cerâmica; importavam madeiras, marfim e metais preciosos. Por causa da ausência de moedas, as trocas eram diretas.

Os egípcios também desenvolveram o artesanato e as manufaturas. Produziam joias, móveis, armas, ferramentas, tecidos, enfeites, utensílios de vidro etc.

21. Qual foi a base da economia egípcia?

22. Cite alguns produtos cultivados pelos egípcios na Antiguidade.

23. Coloque **F** para falso e **V** para verdadeiro.

a) O Egito Antigo apresentou uma pecuária muito desenvolvida. ( )

b) No Médio Império, o Egito desenvolveu relações comerciais com a Fenícia, a ilha de Creta, a Palestina e a Síria. ( )

c) No Egito Antigo, o comércio era feito com a moeda egípcia. ( )

d) Os egípcios destacaram-se também no artesanato e nas manufaturas. ( )

e) A engenharia egípcia para aproveitamento das enchentes do Nilo foi bastante desenvolvida, com a construção, por exemplo, de uma complexa rede de irrigação. ( )

A SOCIEDADE EGÍPCIA

Na sociedade egípcia havia uma rígida hierarquia entre as camadas sociais. A mobilidade social praticamente inexistia, pois as profissões, os cargos e as funções eram, na maior parte das vezes, transmitidos por herança.

A posição mais alta da hierarquia social era ocupada pelo faraó e sua família (geralmente muito numerosa porque ele podia ter várias esposas e concubinas). Abaixo do faraó vinham os nobres, que ocupavam altos postos no governo e no exército.

Seguiam-se os sacerdotes, considerados intermediários entre os deuses e os homens, que também se dedicavam às atividades intelectuais e científicas. Os nobres e os sacerdotes detinham grandes privilégios.

Em seguida, vinha a camada dos funcionários reais, destacando-se os escribas, os que ocupavam altos postos militares, os artesãos altamente especializados, os comerciantes e os militares.

Na posição inferior da sociedade egípcia, estavam os não privilegiados, os trabalhadores braçais – artesãos e camponeses (chamados felás). Compunham a maioria da população e eram obrigados a entregar ao faraó parte de sua colheita, além de ter de pagar impostos aos nobres e sacerdotes. Também eram submetidos a trabalhos forçados nas construções de palácios, templos, canais de irrigação etc., e até a castigos físicos.

A pequena camada dos escravos era formada por estrangeiros aprisionados nas guerras. Os escravos eram encarregados das tarefas domésticas ou dos trabalhos mais pesados.

24. Podemos afirmar que no Egito Antigo a sociedade era:

a) Rigidamente dividida, pois as profissões e cargos eram transmitidos por herança. ( )

b) Altamente móvel, pois as pessoas podiam mudar de classe de acordo com sua habilidade ou riqueza. ( )

c) Dividida entre poderosos nobres e sacerdotes, de um lado, e escravos, de outro, não existindo nenhuma camada intermediária. ( )

d) Constituída apenas de funcionários reais, todos submetidos ao poder dos faraós. ( )

25. Complete o quadro, mostrando a hierarquia das classes sociais no Egito Antigo:

1	e seus	governavam o país
2		ocupavam altos postos no governo e no exército
3		atividades religiosas, intelectuais e científicas
4		escribas, atividades burocráticas
5	e	trabalhadores braçais, também chamados de felás
6		trabalhos pesados e serviços domésticos

RELIGIÃO

A religião desempenhou importante papel na vida dos egípcios e deixou marcas em quase todos os setores: nas artes, na literatura, na filosofia e até mesmo nas ciências. Os egípcios eram politeístas, acreditando em muitos deuses antropomórficos e zoomórficos, dentre os quais se destacavam: Rá, Osíris, Ísis, Hórus. Certos animais eram considerados sagrados, como o gato, o crocodilo, o escaravelho, o boi.

Os egípcios acreditavam na imortalidade da alma e na sua volta para o mesmo corpo. Essa crença levou-os a desenvolver técnicas para a conservação dos corpos dos mortos.

A mais sofisticada delas foi a **mumificação**, um processo caro, só acessível aos privilegiados. Junto ao morto, eram colocados alimentos, armas, ferramentas etc., de que, segundo acreditavam, ele iria precisar quando ressuscitasse.

Acreditava-se também que a alma era julgada por um tribunal presidido pelo deus Osíris. Eram apresentadas as ações boas ou más do falecido, para se julgar se ele merecia o castigo ou a salvação eterna. Seu coração era colocado num dos pratos de uma balança e, no outro, uma pena. Se os pratos se equilibrassem, a alma estaria salva.

As pessoas mais ricas compravam dos sacerdotes o *Livro dos Mortos*, um conjunto de fórmulas mágicas, escritas num papiro, que facilitariam sua salvação após a morte. Com a venda dessas fórmulas, muitos sacerdotes enriqueceram.

Durante o Novo Império, o faraó **Amenófis IV** fez uma reforma religiosa, impondo o **monoteísmo**. Aton, representado pelo disco solar, era o único deus, e o próprio faraó mudou o seu nome para Aquenaton. Essa reforma religiosa teve também caráter político, pois o faraó pretendia reduzir a autoridade dos sacerdotes. Porém, o monoteísmo teve curta duração, e o faraó seguinte, Tutancâmon, restaurou o politeísmo.

26. Qual foi o papel da religião na vida dos egípcios?

27. Os egípcios eram _____, isto é, acreditavam na existência de vários deuses, dentre os quais se destacavam: _____, _____ e _____. Certos animais eram considerados sagrados, como o _____, o _____, o _____ e o _____. Também acreditavam na imortalidade da alma e na sua volta para o mesmo _____, o que os levou a desenvolver técnicas sofisticadas de _____.

28. Quem foi Amenófis IV e o que ele fez?

A ESCRITA DOS EGÍPCIOS

Os egípcios possuíam três sistemas de escrita: o **demótico** (mais popular), o **hierático** (utilizado pelos sacerdotes) e o **hieroglífico** (mais complexo, utilizado pelos escribas). Em 1822, a escrita egípcia foi decifrada por Jean-François Champollion, graças a um bloco de pedra encontrado na região de Rosetta pelos soldados de Napoleão Bonaparte, quando da campanha do Egito. Esse bloco, que passou a ser conhecido como **Pedra de Rosetta**, trazia um texto em três escritas: hieroglífica, demótica e grega.

A decifração da escrita permitiu a tradução de textos que revelaram muito da história e do cotidiano do povo egípcio. Também ficaram conhecidos textos poéticos de grande sensibilidade.

29. Quais os sistemas de escrita que os egípcios usavam?

30. Quem decifrou a escrita egípcia?

31. O que é a Pedra de Rosetta?

AS ARTES E AS CIÊNCIAS

Os egípcios desenvolveram a arquitetura, a pintura e a escultura. Na arquitetura, destaca-se a construção de pirâmides, palácios e templos amplos e sólidos. A pintura e a escultura eram auxiliares da arquitetura. Na pintura, não utilizavam a perspectiva, e as figuras eram representadas sempre de perfil.

Nas ciências, os egípcios desenvolveram a Astronomia, a Matemática e a Medicina, que estavam voltadas para a resolução de problemas práticos do cotidiano, como o controle das inundações, a construção de canais de irrigação, o combate às doenças etc.

32. Em quais campos artísticos os egípcios mais se destacaram?

33. Quais ramos do conhecimento científico os egípcios desenvolveram?

Revisão

1. Entre os povos estudados na chamada Antiguidade Oriental estão os:

a) Egípcios e mesopotâmicos. ( )
b) Gregos e romanos. ( )
c) Ingleses e franceses. ( )
d) Portugueses e espanhóis. ( )

2. Nas sociedades do Oriente Próximo, a presença de grandes _____ influenciou a base econômica. A maioria dos povos que ali viveram tinha uma economia essencialmente _____.

3. O Egito se localiza:

a) No nordeste da África. ( )
b) No sul da Mesopotâmia. ( )
c) Na região onde antes era a Palestina. ( )
d) No Extremo Oriente. ( )

4. A região do _____ do rio Nilo era chamada de _____ Nilo. A região mais ao _____ formava o _____ Nilo.

5. Originariamente, o Egito estava dividido em aldeias agropastoris, cada qual com um chefe independente. Essas aldeias se chamavam _____ e seus governantes eram os _____.

6. O Egito foi unificado por Menés, que reuniu sob um único governo:

a) Todas as aldeias egípcias, que eram independentes. ( )
b) Os habitantes que viviam isolados às margens do rio Nilo. ( )
c) Os dois reinos existentes, chamados de Baixo Egito e Alto Egito. ( )
d) Diversos povos nômades que passavam pela região do rio Nilo. ( )

7. A base da economia egípcia foi:

a) A pecuária. ( )

b) O comércio. ( )

c) O artesanato e a manufatura. ( )

d) A agricultura. ( )

8. Coloque F para falso e V para verdadeiro.

a) No Antigo Império egípcio, o governo era uma monarquia teocrática. ( )

b) Apenas os faraós no Antigo Império egípcio sabiam ler e escrever. ( )

c) No Antigo Império egípcio, a arquitetura ainda era rudimentar e nenhuma grande obra foi construída. ( )

d) No Antigo Império egípcio, as capitais foram Tínis e Mênfis. Depois, no Médio Império, a capital foi transferida para Tebas. ( )

e) O Médio Império sofreu uma crise profunda em virtude da invasão dos hicsos, que permaneceram na região por quase dois séculos. ( )

f) O Novo Império egípcio caracterizou-se pela democracia e pelo fim do autoritarismo dos faraós. ( )

9. Como era a hierarquia social no Egito Antigo?

10. Amenófis IV destacou-se na história dos egípcios porque:

a) Foi um faraó militarista, que submeteu diversos povos ao domínio do Egito. ( )

b) Mandou construir as pirâmides, obras monumentais que existem até hoje. ( )

c) Unificou o Egito, dando início ao chamado período Dinástico. ( )

d) Fez uma reforma religiosa, impondo o monoteísmo. ( )

11. Coloque F para falso e V para verdadeiro.

a) Os egípcios eram politeístas, isto é, acreditavam na existência de vários deuses. ( )

b) Eram deuses egípcios: Rá, Osíris, Ísis, Hórus. ( )

c) Os egípcios, ao contrário de outros povos, não atribuíam nenhuma característica religiosa aos animais. ( )

d) Os egípcios acreditavam na imortalidade da alma e na sua volta para o mesmo corpo, e isso teve influência na ciência, uma vez que passaram a compreender anatomia, com os processos de mumificação. ( )

e) Uma base importante da religião egípcia era o *Livro dos Mortos,* que continha um conjunto de fórmulas consideradas mágicas. ( )

12. Os egípcios usavam um sistema de escrita que foi decifrado no século XIX, graças à descoberta da _____ por soldados de _____.

Anotações

4. A Antiguidade Oriental: Mesopotâmia

No Oriente Médio, onde hoje se localiza o Iraque, desenvolveu-se, na Antiguidade, uma brilhante civilização, a mesopotâmica, contemporânea à civilização egípcia. Como lá a pedra era rara, os monumentos foram construídos com tijolos e não resistiram ao tempo. A denominação Mesopotâmia para a região compreendida entre os rios Tigre e Eufrates foi dada pelos gregos antigos e significa "**terra entre rios**".

O território da Mesopotâmia é cortado, no sentido norte-sul, por um extenso vale no qual correm os rios Tigre e Eufrates, que nascem nas montanhas da Armênia e desembocam no Golfo Pérsico. A leste, ficam os montes Zagros, que separam a Mesopotâmia do Irã, e a oeste encontra-se o deserto da Arábia.

Os antigos povos da Mesopotâmia davam nomes às regiões em que habitavam:

- a **Suméria** correspondia ao sul, próximo ao Golfo Pérsico;
- o **País de Acad** ficava no centro, no curso médio dos rios;
- a **Assíria** localizava-se ao norte, próximo das nascentes dos rios.

1. A Mesopotâmia corresponde à região onde hoje existe:

a) O Irã. ( )

b) O Iraque. ( )

c) A Arábia Saudita. ( )

d) A Índia. ( )

2. Mesopotâmia é um nome que significa _____. Essa denominação vem do fato de a região ser banhada pelos rios _____ e _____.

3. Na Antiguidade, localizava-se na Mesopotâmia:

a) Ao sul, perto do Golfo Pérsico: _____

b) No centro, no curso médio dos rios: _____

c) Ao norte, perto das nascentes dos rios: _____

A primeira civilização a se instalar na Mesopotâmia foi a dos sumérios, por volta de 3500 a.C. A eles é atribuída a criação de um sistema de escrita, denominada cuneiforme, usado pelos outros povos que dominaram a região. Tempos depois, foi a vez dos acádios, povo vindo do deserto da Arábia e que se estabeleceu no curso médio dos rios.

Aproximadamente em 2000 a.C., os acádios foram dominados pelos amoritas, que fundaram um grande império, conhecido como Império Babilônico.

Ao norte da Mesopotâmia viviam os assírios, um povo guerreiro que possuía um poderoso exército. Eles acabaram por dominar toda a região.

Posteriormente, a Mesopotâmia foi dominada pelos caldeus, que fizeram renascer o Império Babilônico, no qual se destacou o governo do rei Hamurabi.

Os sucessores de Hamurabi tiveram de enfrentar uma série de revoltas e invasões e, por isso, não conseguiram manter a unidade do império, que se esfacelou quando os cassitas e os hititas invadiram o território. Os invasores foram vencidos pelo povo assírio por volta de 1200 a.C.

4. Na Mesopotâmia, usava-se um sistema de escrita chamada _____, inventado pelos _____.

5. Usando os numerais de 1 a 7, ordene os povos que se estabeleceram na Mesopotâmia, de acordo com a cronologia:

( ) Assírios novamente.

( ) Hititas.

( ) Caldeus.

( ) Sumérios.

( ) Assírios.

( ) Acádios.

( ) Amoritas.

OS ASSÍRIOS

Os assírios viviam no norte da Mesopotâmia. A sua principal cidade era Assur, às margens do rio Tigre. Dedicavam-se à agricultura e ao pastoreio.

Os reis assírios, a partir do século VIII a.C., começaram a expandir o território, militarizando o Estado. Os exércitos assírios eram superiores aos dos demais povos e, por isso, bastante temidos. Usavam armas de ferro, carros de guerra e cavalos e tratavam os povos vencidos com muita crueldade. Conquistaram várias regiões, incluindo a Babilônia, a Síria, a Fenícia, o Reino de Israel, o Egito e o Elam, formando um vasto império. A primeira capital foi Assur e a segunda, Nínive.

No Império Assírio havia uma brutal exploração dos povos vencidos, apoiada em uma política de terror. Esses povos tinham suas riquezas pilhadas pelos guerreiros assírios, que contavam com o apoio dos reis.

Seu apogeu ocorreu nos reinados de Sargão II, que conquistou o Reino de Israel, Senaqueribe, que tomou a Síria e destruiu a Babilônia, e Assurbanipal, que invadiu o Egito e tomou a cidade de Tebas.

No reinado de Assurbanipal foi construída a Biblioteca de Nínive, que possuía mais de 22 mil tabletes de argila contendo grande parte da literatura mesopotâmica, conhecimentos de astronomia etc. Constantes rebeliões dos povos dominados provocaram a decadência do Império Assírio. Em 612 a.C., os caldeus, provenientes do sul da Mesopotâmia, comandados por Nabopolassar, cercaram e destruíram Nínive.

6. Coloque F para falso e V para verdadeiro.

a) Os assírios eram militaristas e conquistadores. ( )

b) Assurbanipal foi um rei assírio que construiu a Biblioteca de Nínive. ( )

c) Os assírios jamais saíram do norte da Mesopotâmia. ( )

d) Assur e Nínive foram capitais da Assíria. ( )

e) Os assírios chegaram a tomar a cidade de Tebas, no Egito. ( )

f) Os exércitos assírios eram tecnologicamente inferiores aos de outros povos da época. ( )

7. Um dos motivos da decadência dos assírios foi:

a) Sua derrota pelos egípcios. ( )

b) A invasão da Assíria pela Suméria. ( )

c) Rebeliões dos povos dominados. ( )

d) A proibição de usar cavalos nos exércitos. ( )

OS CALDEUS

A cidade da Babilônia voltou a se destacar na Mesopotâmia. Com os caldeus, teve início o Segundo Império Babilônico ou Novo Império Babilônico, que compreendia toda a Mesopotâmia, a Síria, a Palestina e o Elam. A Babilônia se tornou um importante centro comercial e cultural do Oriente Próximo.

No governo do rei Nabucodonosor ocorreu o apogeu desse império. Foram feitas inúmeras construções públicas, entre elas, os Jardins Suspensos, considerados pelos gregos uma das maravilhas do mundo, e um zigurate com 215 metros de altura, conhecido como Torre de Babel. Na política externa, os caldeus dominaram a Síria e o Reino de Judá. Os hebreus foram levados como prisioneiros para a Babilônia, episódio conhecido como Cativeiro da Babilônia.

Após a morte de Nabucodonosor, lutas internas levaram ao enfraquecimento do império, que foi dominado por Ciro, rei da Pérsia, em 539 a.C.

8. A _____, capital do Império Babilônico fundado pelos _____, foi um importante centro _____ e _____ do Oriente Próximo. O apogeu desse império deu-se no governo de _____, quando foram construídos os _____ e a _____.

9. Cativeiro da Babilônia é o episódio em que os _____ foram levados como prisioneiros para a Babilônia, depois que foi dominado o _____.

10. O Império Babilônico terminou quando a Mesopotâmia foi conquistada por _____, rei da _____.

RELIGIÃO, ARTES E CIÊNCIAS

Os mesopotâmicos tinham uma religião politeísta. Os sumérios tinham deuses de origem cósmica – Anu (rei do céu), Enhol (rei da Terra) e Ea (rei do oceano) – e deuses astrais – Shamash (o Sol), Sin (a Lua) e Ishtar (o planeta Vênus).

Marduque, deus do comércio e protetor da cidade da Babilônia, quando do apogeu do Império Babilônico, foi elevado à condição de principal deus da Mesopotâmia.

Os assírios adotaram os deuses sumérios, mas praticavam sacrifícios humanos, principalmente de crianças, pois acreditavam que o mundo era habitado por demônios e, com essa prática, podiam acalmá-los.

Os caldeus acreditavam que a vida das pessoas era influenciada pelos astros. Por isso, os sacerdotes estudavam astrologia e elaboravam horóscopos.

As artes e as ciências da Mesopotâmia foram fortemente influenciadas pela religião.

A arte mais desenvolvida foi a arquitetura, que era grandiosa e luxuosa. Na escultura, destacaram-se os baixos-relevos assírios. Sua temática eram cenas de guerra, de caça e atividades sagradas.

A escultura era usada como decoração dos templos e palácios, com o uso do baixo-relevo e estátuas.

Nas ciências, destacaram-se na matemática e na astronomia. Dividiram o ano em 12 meses, a semana em 7 dias, a hora em 60 minutos e o minuto em 60 segundos, previram eclipses e dividiram o círculo em 360 graus.

11. Os mesopotâmicos tinham uma religião _____. Os assírios adotaram os deuses _____, mas praticavam

_____, principalmente de _____.

12. Qual foi a arte mais desenvolvida entre os mesopotâmicos?

13. Cite alguns feitos científicos dos mesopotâmicos que até hoje são considerados válidos.

Revisão

1. A Mesopotâmia corresponde à atual região do _____ e é banhada pelos rios _____ e _____.

2. Quais os povos que **NÃO** se originaram na Mesopotâmia?

a) Sumérios e acádios. ( )

b) Assírios e caldeus. ( )

c) Egípcios e persas. ( )

d) Babilônicos e amoritas. ( )

3. Na Mesopotâmia, usava-se um sistema de escrita inventado pelos _____. Era a escrita:

a) Cuneiforme. ( )

b) Hieroglífica. ( )

c) Demótica. ( )

d) Sumeriana. ( )

4. O povo mesopotâmico que chegou a invadir o Egito foi o:

a) Caldeu. ( )

b) Sumério. ( )

c) Assírio. ( )

d) Babilônico. ( )

5. Foi na época do Império Babilônico, quando o imperador Nabucodonosor governava, que se construíram:

a) A Biblioteca de Nínive e os zigurates. ( )

b) Os Jardins Suspensos e a Torre de Babel. ( )

c) Estradas ligando todo o império. ( )

d) As primeiras torres para observação astronômica. ( )

6. O Império Babilônico foi o último grande império da Mesopotâmia. Depois dele, toda a região foi conquistada pelos:

a) Egípcios. ( )
b) Persas. ( )
c) Romanos. ( )
d) Árabes. ( )

7. Na religião dos povos que viveram na Mesopotâmia, destacaram-se:

a) A crença na imortalidade e a mumificação dos mortos. ( )

b) A crença em animais sagrados, sendo comum a adoração a gatos, bois, crocodilos etc. ( )

c) A prática da astrologia e a confecção de horóscopos. ( )

d) A adoração a um só deus e a construção de muitos templos a ele dedicados. ( )

8. Uma herança que temos da cultura mesopotâmica é:

a) A divisão do ano em 12 meses. ( )

b) A divisão da semana em 7 dias. ( )

c) A divisão da hora em 60 minutos. ( )

d) Todas as alternativas anteriores estão corretas. ( )

Anotações

5. A Antiguidade Oriental: Palestina

O povo hebreu vivia na Palestina, região que atualmente corresponde ao Estado de Israel. Localizava-se junto ao mar Mediterrâneo, numa zona montanhosa e de clima árido. Apenas no vale banhado pelo rio Jordão as terras eram favoráveis ao desenvolvimento da agricultura.

A história dos hebreus é bem diferente da dos demais povos do Oriente Antigo, principalmente no que se refere à religião. Eram monoteístas, e Iavé ou Jeová (Deus) não podia ser representado por imagens.

A Bíblia, na parte do Antigo Testamento, é a mais importante fonte histórica para o estudo da Palestina. Por meio dela, pode-se ter conhecimento de quase todos os aspectos da vida hebraica.

A segunda parte da Bíblia, o Novo Testamento, trata dos acontecimentos posteriores ao nascimento de Jesus.

Segundo a Bíblia, os hebreus viviam na cidade de Ur, na região da Caldeia. Dedicavam-se ao pastoreio e dividiam-se em tribos, cada uma chefiada por um patriarca, ou chefe de família.

1. Onde se localizava a Palestina?

2. Hoje qual Estado corresponde à Palestina?

3. Qual era a característica religiosa dos judeus que os diferenciava dos demais povos do Oriente Antigo?

4. Qual é a mais importante fonte histórica para o estudo da Palestina?

5. Onde, primitivamente, viviam os antigos hebreus? Como se dividiam?

VIDA POLÍTICA

Politicamente, os hebreus conheceram três formas de governo: o patriarcado, o juizado e a monarquia.

O PATRIARCADO

Os patriarcas eram, ao mesmo tempo, sacerdotes, juízes e chefes militares. O primeiro patriarca, Abraão, foi substituído por seu filho Isaac, e este por Jacó, que teve seu nome mudado para Israel, que significa "forte com Deus". Essa é a razão de o povo hebreu ser conhecido como israelita ou povo de Israel.

Por volta de 1700 a.C., a Palestina enfrentou uma grande crise de fome, causada pela seca que assolou a região. Sob o comando de Jacó, uma parte das tribos hebraicas migrou para o Egito, onde havia alimentos, estabelecendo-se numa região do delta do Nilo. Permaneceram nesse país cerca de 400 anos. Alguns hebreus chegaram a ocupar altos postos no governo. A presença dos hebreus no Egito coincidiu com a invasão dos hicsos.

Durante um longo período, os hebreus gozaram de liberdade no Egito. Viviam unidos, preservando seus costumes e tradições. Contudo, essa situação mudou após a expulsão dos hicsos. Os hebreus passaram a ser perseguidos, perderam seus bens e foram escravizados.

Por volta de 1250 a.C., sob o comando de Moisés, conseguiram sair do país, acontecimento conhecido como **Êxodo**. Os hebreus vagaram 40 anos pelo deserto. Moisés morreu antes de chegar à Palestina e foi substituído por Josué. Encontraram a Palestina ocupada por vários povos, entre eles, os filisteus.

8. O que foi o Êxodo?

O JUIZADO

Josué liderou a luta de seu povo pela reconquista da Palestina, que estava ocupada por vários povos. Essa luta levou ao fortalecimento dos chefes militares, que assumiram o comando político e religioso e são conhecidos como juízes. Dentre eles, destacaram-se Gedeão, Sansão e Samuel.

Após a reconquista da Palestina, o território foi dividido entre as 12 tribos de Israel. Com o objetivo de manter a unidade do povo e garantir a defesa do território, Samuel, o último juiz, por volta do ano 1000 a.C., instituiu a monarquia.

6. Quem foi o primeiro patriarca?

7. Por que os hebreus são chamados de israelitas ou "filhos de Israel"?

9. Quais as formas de governo que existiram entre os hebreus?

10. Como surgiu o juizado na Palestina?

11. O que foi feito com o território da Palestina, depois que os hebreus a reconquistaram?

12. Como terminou o período do juizado?

A MONARQUIA

A monarquia durou quase um século. O rei centralizava todo o poder, sendo ao mesmo tempo chefe religioso, político e militar.

O primeiro rei foi Saul. Em seu governo, os filisteus atacaram e derrotaram os hebreus. Para não cair em mãos inimigas, o rei se suicidou. Seu sucessor foi Davi, que unificou as tribos e estabeleceu a capital em Jerusalém. Fez muitas campanhas militares, expandindo o território da Palestina.

Em 966 a.C., Davi foi sucedido por seu filho Salomão, que herdou uma monarquia consolidada. Em seu governo, houve grande desenvolvimento do comércio, do artesanato e das construções públicas. Nessa época, foi construído o Templo de Jerusalém, um santuário onde deveria ficar a Arca da Aliança, uma urna com as Tábuas da Lei. Para cobrir os gastos com a realização dessas obras, houve significativo aumento dos impostos, o que descontentou o povo.

Foram instituídas várias festas religiosas:

- **Sabbat**, comemoração do sétimo dia da criação;
- **Páscoa**, comemoração do Êxodo;
- **Pentecostes**, comemoração do recebimento das Tábuas da Lei;
- **Tabernáculo**, comemoração da permanência no deserto.

---

13. Quem foi o primeiro rei de Israel?

14. Que outros reis se destacaram durante a monarquia em Israel? O que eles fizeram?

15. O que se comemora nas seguintes festas judaicas:

- Sabbat:
- Páscoa:
- Pentecostes:
- Tabernáculo:

Com a morte do rei Salomão, seu sucessor não foi aceito pelos hebreus. Ocorreu o Cisma, que representou o rompimento da unidade política do povo hebreu. As tribos formaram dois reinos:
- Israel, ao norte, com capital em Samaria, formado por dez tribos;
- Judá, ao sul, com capital em Jerusalém, formado por duas tribos.

A separação enfraqueceu o povo hebreu, que acabou sendo dominado pelos povos conquistadores do Oriente Próximo.

Em 722 a.C., o Reino de Israel foi dominado pelos assírios, chefiados por Sargão II; em 586 a.C., o Reino de Judá caiu em mãos dos caldeus, comandados por Nabucodonosor. Muitos habitantes foram aprisionados e levados para a Babilônia (Cativeiro da Babilônia). Em 539 a.C., o rei Ciro, da Pérsia, dominou a Mesopotâmia, libertou os hebreus e permitiu que voltassem à Palestina.

Posteriormente, a Palestina foi conquistada por Alexandre Magno, da Macedônia (333 a.C.), e pelos romanos (63 a.C.). Em 70 d.C., os romanos destruíram o Templo de Jerusalém, provocando a revolta dos hebreus. A cidade de Jerusalém foi arrasada pelos invasores.

Mais tarde, em 131, o imperador romano Adriano empreendeu violenta repressão aos hebreus, levando-os a se dispersar pelo mundo. Esse episódio é conhecido como **Diáspora**.

Durante muitos séculos, os judeus viveram em diferentes países, mas conseguiram manter a sua unidade cultural. Isso se deve principalmente à religião, que os une. Após a Segunda Guerra Mundial, muitos judeus conseguiram retornar à Palestina. Em 1948, o Estado de Israel foi criado e reconhecido pela ONU – Organização das Nações Unidas.

16. Com a morte do rei Salomão, o povo hebreu dividiu-se em dois reinos. Como se chamavam e como eram formados?

17. Quais foram os povos que sucessivamente conquistaram a Palestina?

18. Explique o que se entende por Diáspora.

19. Como nasceu o Estado de Israel?

influenciada pela religião. Compuseram vários poemas, como *Cântico dos cânticos*, de Salomão, e os *Salmos*, de Davi.

O judaísmo deu origem ao cristianismo e influenciou o islamismo, duas religiões atuais.

20. Quais são as principais características do judaísmo?

Revisão

O JUDAÍSMO

Os fundamentos do judaísmo estão no Antigo Testamento. As principais características dessa religião são:

- o **monoteísmo**, ou seja, a crença em um único Deus;
- o **salvacionismo**, a crença na vinda de um messias ou salvador para libertar o povo hebreu.

Por volta do século VII a.C., em épocas de crise religiosa, surgiram os profetas, homens que afirmavam receber a revelação de Deus, reafirmando o monoteísmo e o salvacionismo.

A literatura dos hebreus foi fortemente

1. A Palestina corresponde a qual país atual?

a) Arábia Saudita. ( )
b) À própria Palestina. ( )
c) Irã. ( )
d) Estado de Israel. ( )

2. Os hebreus se diferenciavam dos demais povos do Oriente Antigo por serem _____.

3. Há _____ sobre a história dos antigos _____ que se constituem em importantes _____ de estudo para os _____. Esses relatos se encontram na _____.

4. A origem do povo hebreu e sua chegada a Canaã, a Terra Prometida, relaciona-se com o patriarca:

a) Abraão. ( )

b) Isaac. ( )

c) Jacó. ( )

d) Moisés. ( )

5. Na história dos hebreus, podemos identificar três formas de governo: o _____, o _____ e a _____.

6. Os hebreus são também chamados de _____ ou _____, porque o terceiro patriarca, _____, teve seu nome mudado para _____, que significa "forte com Deus".

7. O Êxodo foi um episódio da história dos hebreus, no qual eles:

a) Foram levados como escravos para a Babilônia. ( )

b) Foram levados prisioneiros para o Egito. ( )

c) Deixaram o Egito e retornaram à Palestina. ( )

d) Vagaram durante 40 anos pelos desertos da Mesopotâmia. ( )

8. Associe as festas judaicas ao motivo da comemoração.

a) Sabbat
b) Páscoa
c) Pentecostes
d) Tabernáculo

( ) o recebimento das Tábuas da Lei.

( ) o sétimo dia da criação.

( ) a permanência no deserto.

( ) o Êxodo.

9. A dispersão dos hebreus pelo mundo é chamada de _____.

10. O Estado de Israel surgiu:

   a) Na Antiguidade, fundado pelos hebreus. (   )

   b) Na Idade Média, fundado pelos cruzados. (   )

   c) Em 1948, criado e reconhecido pela ONU – Organização das Nações Unidas. (   )

   d) Em 2000, fundado pelos judeus que guerrearam contra os palestinos da região. (   )

Anotações

6. Creta e Fenícia

Na Antiguidade, praticamente não havia rotas terrestres. As que existiam eram malcuidadas e perigosas, e poucas pessoas se aventuravam por elas. Quem precisava deslocar-se de um lugar para outro ou fazer comércio preferia usar o transporte fluvial ou marítimo.

Nessa época, dois povos destacaram-se como navegantes e hábeis comerciantes: os cretenses e os fenícios.

A ilha de Creta está situada no mar Mediterrâneo. Em seu litoral existiam ótimos portos naturais, o que favoreceu o desenvolvimento da navegação. A ascensão da civilização cretense deu-se por volta de 2000 a.C. e se estendeu até 1200 a.C. Sua economia baseava-se no artesanato e no comércio marítimo. Os cretenses exportavam objetos de cerâmica, joias, vinho e azeite e importavam ouro, cobre, estanho, tecidos e marfim.

A Fenícia, atual Líbano, compreendia uma estreita faixa entre o mar Mediterrâneo e as montanhas da Ásia Menor. Por causa da existência de poucas terras férteis, não possuía condições de desenvolver a agricultura e o pastoreio. Contudo, tinha costas marítimas bem recortadas, favorecendo a navegação.

Quando os cretenses entraram em decadência, os fenícios aproveitaram-se para monopolizar o comércio no mar Mediterrâneo. Fundaram postos comerciais e colônias no norte da África, na Sicília, na Sardenha e até na Península Ibérica.

1. Que tipo de transporte era mais usado na Antiguidade? Por que existia essa preferência?

2. Quais os principais destaques das civilizações cretense e fenícia?

3. Qual era a base da economia cretense? O que os cretenses exportavam?

4. Qual o país que corresponde atualmente à Fenícia? Onde se localiza?

5. Por que os fenícios não desenvolveram a agricultura e o pastoreio?

6. Como os fenícios aproveitaram a decadência dos cretenses? O que eles fundaram e onde?

A CIVILIZAÇÃO CRETENSE

A ilha de Creta, no Mediterrâneo Oriental, foi cenário de uma notável civilização, em 2000 a.C. Pelos vestígios encontrados, foi possível conhecer-se alguns aspectos da vida do povo cretense.

Apesar de os cretenses terem desenvolvido a agricultura, a cerâmica, a metalurgia e a ourivesaria, a economia de Creta estava baseada no domínio do mar e no comércio marítimo. Sua frota percorria da Península Itálica até o mar Negro. Exportavam vinho, azeite, cerâmica e joias e importavam ouro, prata, estanho, tecidos e marfim. As principais cidades eram Cnossos e Faístos.

O regime político era a monarquia teocrática absoluta. O rei era escolhido pela elite local e recebia o título de Minos. Tudo estava sob sua orientação: exército, administração, comércio e indústria. A sociedade cretense caracterizava-se pela pequena distinção entre as classes sociais e pela pequena importância dada à escravidão.

A religião era politeísta e matriarcal. A divindade principal era a deusa-mãe, da qual provinham todas as coisas existentes na Terra.

Os cretenses dedicaram-se à música, à dança e aos esportes. Realizavam jogos públicos, destacando-se os atléticos e uma espécie de corrida de touros praticada pelas mulheres.

A arte cretense foi maravilhosa e completamente original. A pintura destacou-se pela delicadeza. Na escultura, esculpiam principalmente figuras humanas, em tamanho natural ou em miniatura. Na arquitetura, destacaram-se pela construção de grandes palácios, como o de Cnossos – o Labirinto – e o de Faístos.

7. Na cultura cretense, certas atividades foram muito importantes:

a) Dança, música e jogos atléticos. ( )

b) Jejum e isolamento dos sacerdotes. ( )

c) A religião, totalmente proibida às mulheres. ( )

d) O culto a monstros e fantasmas. ( )

8. NÃO foi uma característica da religião em Creta:

a) A divindade principal era uma deusa-mãe, símbolo da fertilidade. ( )

b) Havia grande importância das mulheres, que ocupavam o cargo de sacerdotisas. ( )

c) A religião era politeísta. ( )

d) Havia inúmeros deuses, todos homens. ( )

A FENÍCIA

A Fenícia não formou um Estado unificado. Estava dividida em cidades-estados, ou seja, cidades independentes, com governo próprio, porém com costumes e tradições comuns. A forma de governo era a monarquia aristocrática, e o poder do rei era limitado, pois a camada dos comerciantes exercia grande controle sobre o governo.

As principais cidades fenícias eram:

- Biblos: situada ao norte da Fenícia, foi a primeira cidade a se destacar. Mantinha relações comerciais com Chipre e o

Egito, vendendo madeiras e comprando papiro.

- **Sídon:** esta cidade impôs sua supremacia comercial entre 1500 e 1300 a.C., quando foram fundados alguns entrepostos comerciais em ilhas do mar Egeu e nas costas do mar Negro. Sua riqueza era, em grande parte, oriunda da pesca do múrice, um molusco do qual se extraía a púrpura. A cidade foi destruída pelos filisteus em 1100 a.C.
- **Tiro:** foi a última cidade a atingir a liderança comercial e marcou o apogeu da Fenícia. Os tírios dominaram o comércio no mar Mediterrâneo, onde fundaram entrepostos e colônias. Atravessaram o estreito de Gibraltar e atingiram as ilhas Canárias e a Inglaterra. A principal colônia dessa cidade foi Cartago, ao norte da África.

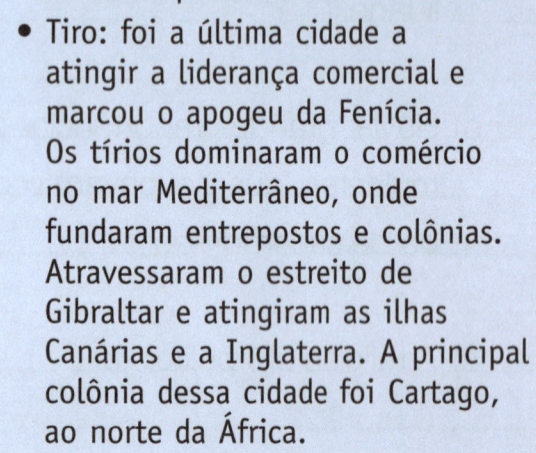

No final do século VIII a.C., a região da Fenícia foi conquistada pelos assírios e, em 573 a.C., a cidade de Tiro caiu nas mãos de Nabucodonosor, rei babilônico. No século VI a.C., a Fenícia passou a fazer parte do Império Persa, mas o golpe derradeiro ocorreu em 332 a.C., quando Alexandre Magno, da Macedônia, conquistou a região.

Desenho de um típico barco comercial fenício da Antiguidade.

ECONOMIA E SOCIEDADE

O comércio foi a atividade básica da economia da região, mas os fenícios também desenvolveram a indústria naval, a produção de tecidos e a metalurgia. As florestas do Líbano permitiram aos fenícios construir uma frota numerosa. Fabricavam a púrpura, tintura utilizada no tingimento dos tecidos. Importavam ferro e prata da Península Ibérica, escravos, ouro e marfim da África e papiro e trigo do Egito. Exportavam joias, vasos, estatuetas e tecidos.

Na sociedade fenícia, a camada dominante era formada pelos comerciantes, aristocratas e sacerdotes. Abaixo vinham os pequenos comerciantes e artesãos. A camada dos não privilegiados era composta pela grande massa de trabalhadores.

9. O que se entende por cidade-estado?

10. Quais foram as principais cidades fenícias?

11. Quais foram as principais características da economia fenícia?

12. A religião dos fenícios era _____. Seus principais deuses eram _____, deus do _____, da _____ e da _____, e Astarteia, deusa da _____.

13. Uma das grandes contribuições dos fenícios para a nossa civilização, que serviu de base para as escritas atuais, foi o _____, composto de _____ símbolos que representavam as consoantes.

Revisão

1. Os povos da Antiguidade Oriental que se destacaram na navegação marítima e no comércio foram:

a) Os egípcios e os palestinos. ( )

b) Os gregos e os romanos. ( )

c) Os cretenses e os fenícios. ( )

d) Os assírios e os caldeus. ( )

RELIGIÃO, ARTES E CIÊNCIAS

A religião fenícia era politeísta. Os principais deuses eram Baal, deus do trovão, da tempestade e da chuva, e Astarteia, deusa da fecundidade. Alguns dos rituais religiosos eram bastante cruéis, incluindo sacrifícios humanos.

As artes foram pouco desenvolvidas. Os fenícios copiaram os modelos egípcio e mesopotâmico. Não fizeram grandes construções, dedicando-se mais à confecção de estatuetas e joias. Também não se preocuparam com as ciências. Por necessidade, desenvolveram relativamente a astronomia, para orientação nas navegações, e a matemática, para a construção de embarcações.

Os fenícios inventaram e divulgaram o **alfabeto**, uma forma de escrita com 22 símbolos que representavam as consoantes. Posteriormente, os gregos criaram alguns símbolos novos, representando as vogais. Esse alfabeto foi divulgado e serviu de base para as escritas atuais.

2. O fator geográfico foi importante para o desenvolvimento econômico de Creta e da Fenícia? Justifique sua resposta.

3. O país que corresponde atualmente à Fenícia é:

a) O Estado de Israel. ( )
b) A Palestina. ( )
c) A Síria. ( )
d) O Líbano. ( )

4. Cite duas cidades importantes em Creta.

5. Na cultura cretense, atividades como _____, _____ e _____ foram muito importantes. Outra característica marcante foi o papel das _____ na religião.

6. Na arquitetura cretense, a construção do _____ de _____, o Labirinto, é um dos destaques.

7. Foram importantes cidades fenícias:

a) Cnossos e Faístos. ( )
b) Cartago e Siracusa. ( )
c) Roma e Atenas. ( )
d) Biblos, Sídon e Tiro. ( )

8. Na sociedade fenícia a camada dominante era formada pelos:

a) artesãos e pequenos comerciantes. ( )
b) escravos. ( )
c) comerciantes, aristocratas e sacerdotes. ( )
d) trabalhadores. ( )

9. NÃO foi característica da economia fenícia:

a) A atividade básica era o comércio. ( )

b) Desenvolveram a indústria naval, a produção de tecidos e a metalurgia. ( )

c) Fabricavam a púrpura, tintura utilizada no tingimento dos tecidos. ( )

d) Importavam produtos artesanais e exportavam trigo, cevada e arroz. ( )

10. Uma contribuição dos fenícios para a cultura contemporânea foi:

a) No campo da engenharia. ( )

b) Na escrita que utiliza o alfabeto. ( )

c) No sistema numeral, com a invenção do zero. ( )

d) Na arquitetura, com o emprego de abóbadas e colunas. ( )

Anotações

7. A Antiguidade Oriental: Pérsia

Os persas formaram o maior império do Oriente Antigo, cujas fronteiras se estendiam do mar Mediterrâneo até o oceano Índico. Habitaram o planalto do Irã, situado a leste da Mesopotâmia, uma região semiárida, com montanhas, desertos e poucos vales férteis, de clima seco, com grandes oscilações de temperatura.

Os primeiros habitantes desse planalto dedicaram-se ao pastoreio e, nos vales férteis, desenvolveram o cultivo de cereais, frutas e hortaliças.

A região era rica em recursos minerais, encontrados nas montanhas vizinhas: ferro, cobre, prata etc.

Por volta de 2000 a.C., em busca de terras férteis, povos vindos do sul da atual Rússia invadiram o planalto. Os medos localizaram-se ao norte, e os persas, ao sul.

O primeiro reino a se formar foi o da Média, no século VIII a.C., porém ele teve curta duração.

Os medos dominavam as tribos persas, até que, no século VI a.C., Ciro, um nobre persa, os venceu e reuniu sob seu domínio todas as tribos que habitavam o planalto iraniano. A partir daí, começou a formação do Império Persa, com a conquista de várias regiões.

O povo persa conseguiu organizar um vasto império, que se estendeu da Ásia Menor até o vale do rio Indo. Nesse império houve a fusão cultural entre os persas e os povos conquistados, dos quais eram exigidos pesados impostos.

O Império Persa foi governado por uma monarquia absoluta teocrática. Possuiu quatro capitais: Susa, Persépolis, Babilônia e Ecbátana.

Destaca-se o sistema administrativo persa, que foi um dos mais eficientes da Antiguidade Oriental.

---

1. Como era a região onde habitaram os persas?

2. Que povos invadiram o planalto do Irã, por volta de 2000 a.C.?

3. Quem foi Ciro? Qual é a sua importância?

4. O Império Persa foi um dos mais extensos da Antiguidade Oriental, abrangendo regiões que iam da _____ até o vale do _____ .

5. As capitais do Império Persa foram: _____ , _____ e _____ .

6. O grande destaque da civilização persa foi o _____ , um dos mais _____ da Antiguidade Oriental.

> assassinado em uma revolta interna. Foi sucedido por Dario I, chamado o Rei dos Reis. Governou de 521 a 485 a.C. Sufocou revoltas internas e estendeu o domínio do império até a Índia. Tentou dominar a Grécia, mas foi derrotado.

7. Coloque F para falso e V para verdadeiro.

a) O fundador do Império Persa foi Ciro, chamado de o Rei do Mundo. ( )

b) O Império Persa surgiu com a derrota dos medos, das tribos que habitavam o planalto iraniano, do Reino da Lídia e das cidades gregas da Ásia Menor. ( )

c) Ciro, Cambises e Dario I foram reis derrotados pelos persas. ( )

d) Dario I conseguiu estender o domínio persa até a Grécia. ( )

e) O chamado Cativeiro da Babilônia terminou quando os persas conquistaram a Mesopotâmia. ( )

A FORMAÇÃO DO IMPÉRIO

O rei Ciro, conhecido como o Rei do Mundo, foi o fundador do Império Persa. Após vencer os medos e reunir sob seu domínio todas as tribos que habitavam o planalto iraniano, conquistou os reinos da Lídia e as cidades gregas da Ásia Menor. Em 539 a.C., conquistou a Babilônia. Recebeu o apoio dos sacerdotes, dos aristocratas e dos militares. Por sua ordem, nesse mesmo ano, os judeus retornaram à Palestina, terminando assim o Cativeiro da Babilônia. Ciro incorporou ao império toda a Mesopotâmia, a Fenícia e a Palestina. Seu filho e sucessor, Cambises, com um grande exército, conquistou o Egito, em 525 a.C., na Batalha de Pelusa. Ao voltar para a Pérsia, Cambises morreu

A ADMINISTRAÇÃO DO IMPÉRIO

Os reis Ciro e Cambises fizeram muitas conquistas, mas não se preocuparam com a administração do império.

Dario I, porém, sentiu a necessidade de estabelecer uma administração que lhe permitisse controlar o vasto território que englobava diferentes povos. Respeitou seus costumes, suas leis e suas línguas.

Dividiu o império em 20 grandes províncias, conhecidas como **satrapias**. Cada uma delas era governada por um sátrapa, indivíduo da alta nobreza indicado pelo rei. O sátrapa era responsável pela arrecadação dos impostos em seu território. Uma parte dos tributos ele usava para manter a administração e o exército; a outra, ele enviava para o rei. Os sátrapas eram fiscalizados por funcionários reais, conhecidos como "**os olhos e os ouvidos do rei**".

Para garantir o controle do império, o rei possuía um poderoso exército e mandou construir uma rede de estradas ligando os grandes centros, que lhe permitiam mandar seus funcionários ou o exército de um extremo ao outro com relativa facilidade. A mais famosa era a estrada real, que ia de Susa até Sardes, na Ásia Menor.

Dario I organizou um eficiente sistema de correios e instituiu uma moeda, o **dárico**, cunhada em prata ou ouro, para facilitar as atividades comerciais.

O governo de Dario I não só marcou o apogeu do império, mas também o início de sua decadência. Quando os persas, tentando dominar a Grécia, foram derrotados, Xerxes, filho de Dario

que o sucedeu no poder, também foi derrotado pelos gregos. Em 330 a.C., o Império Persa caiu sob o domínio de Alexandre, da Macedônia.

8. Dario I destacou-se por organizar o Império Persa em 20 grandes províncias chamadas _____, que eram governadas pelos _____. Para fiscalizar esses governantes, existiam funcionários reais chamados de _____.

9. Também foi destaque no governo de Dario I:

a) Um eficiente sistema de correios. ( )

b) Criação de uma moeda chamada dárico. ( )

c) Campanhas militares contra a Grécia. ( )

d) Todas as alternativas anteriores estão corretas. ( )

10. O Império Persa entrou em crise e caiu finalmente sob o domínio de _____, rei da _____.

11. Discorra sobre a economia da sociedade persa na época do Império.

A ECONOMIA DO IMPÉRIO PERSA

Inicialmente, os persas tinham sua economia baseada na agricultura, na criação de gado e na exploração de minérios. Com a formação do império, o comércio passou a ser uma atividade importante, dando origem a uma camada de ricos comerciantes. Pelo império passavam rotas de caravanas comerciais ligando a Índia e a China ao mar Mediterrâneo. O comércio impulsionou a produção de tecidos de luxo, joias, mosaicos e tapetes de rara beleza.

A RELIGIÃO PERSA

Os preceitos estabelecidos pelo reformador religioso **Zoroastro** ou **Zaratustra**, no século VI a.C., combinados com alguns cultos antigos, deram origem à religião persa. Seus princípios estão contidos no livro sagrado denominado **Zend-Avesta**.

Os persas aceitavam a existência de duas divindades opostas, que estavam sempre em luta: Ormuz-Mazda (o Bem) era o deus da luz e criador das coisas boas da Terra e Arimã (o Mal) era o responsável pelas doenças e pelas desgraças do mundo, sendo o deus das trevas. A vitória final seria de Ormuz-Mazda, que lançaria Arimã num precipício. Acreditavam também na imortalidade da alma, na ressurreição dos mortos e no juízo final.

---

12. A religião dos persas foi organizada pelo reformador:

a) Moisés. ( )
b) Maomé. ( )
c) Buda. ( )
d) Zoroastro ou Zaratustra. ( )

13. O livro sagrado dos persas denominava-se:

a) Bíblia. ( )
b) Livro dos Mortos. ( )
c) Alcorão. ( )
d) Zend-Avesta. ( )

14. Em quais divindades os persas acreditavam?

Revisão

1. Qual foi a região habitada pelos persas na Antiguidade?

2. A característica marcante da região habitada pelos persas era:

a) Clima semiárido, com montanhas, desertos e poucos vales férteis. (　)

b) Terras muito férteis e propícias à agricultura. (　)

c) Região tropical, com poucas oscilações de temperatura. (　)

d) Todas as alternativas anteriores estão corretas. (　)

3. O planalto do Irã foi invadido, por volta de 2000 a.C., pelos:

a) Assírios e babilônicos. (　)

b) Russos e gregos. (　)

c) Cretenses e fenícios. (　)

d) Medos e persas. (　)

4. O Império Persa começou a ser formado com as conquistas do rei:

a) Ciro. (　)

b) Cambises. (　)

c) Dario I. (　)

d) Xerxes. (　)

5. O maior destaque da civilização persa foi:

a) A religião. (　)

b) O sistema administrativo. (　)

c) A organização militar. (　)

d) O comércio de tapetes. (　)

6. Coloque **F** para falso e **V** para verdadeiro.

a) Ciro, chamado de o Rei do Mundo, conquistou a Babilônia e recebeu o apoio dos sacerdotes, dos aristocratas e dos militares. ( )

b) O Império Persa só se consolidou com a conquista da Grécia, por Dario I. ( )

c) Cambises venceu os egípcios na Batalha de Pelusa. ( )

d) Dario I estendeu o domínio persa até a Índia. ( )

7. O que foram satrapias?

8. Quem eram os sátrapas?

9. Quem eram e o que faziam os "olhos e ouvidos do rei"?

10. Para facilitar as comunicações e o comércio, o rei Dario I tomou duas medidas importantes: organizou um eficiente sistema de _____ e criou uma moeda chamada _____.

11. Complete o que se pede sobre a religião dos persas:

a) Organizador:

b) Livro sagrado:

c) Divindades:

12. Preencha os quadrinhos e leia no destaque vertical o nome do maior império do Oriente Antigo:

a) Atividade à qual se dedicavam os primeiros habitantes do planalto do Irã.

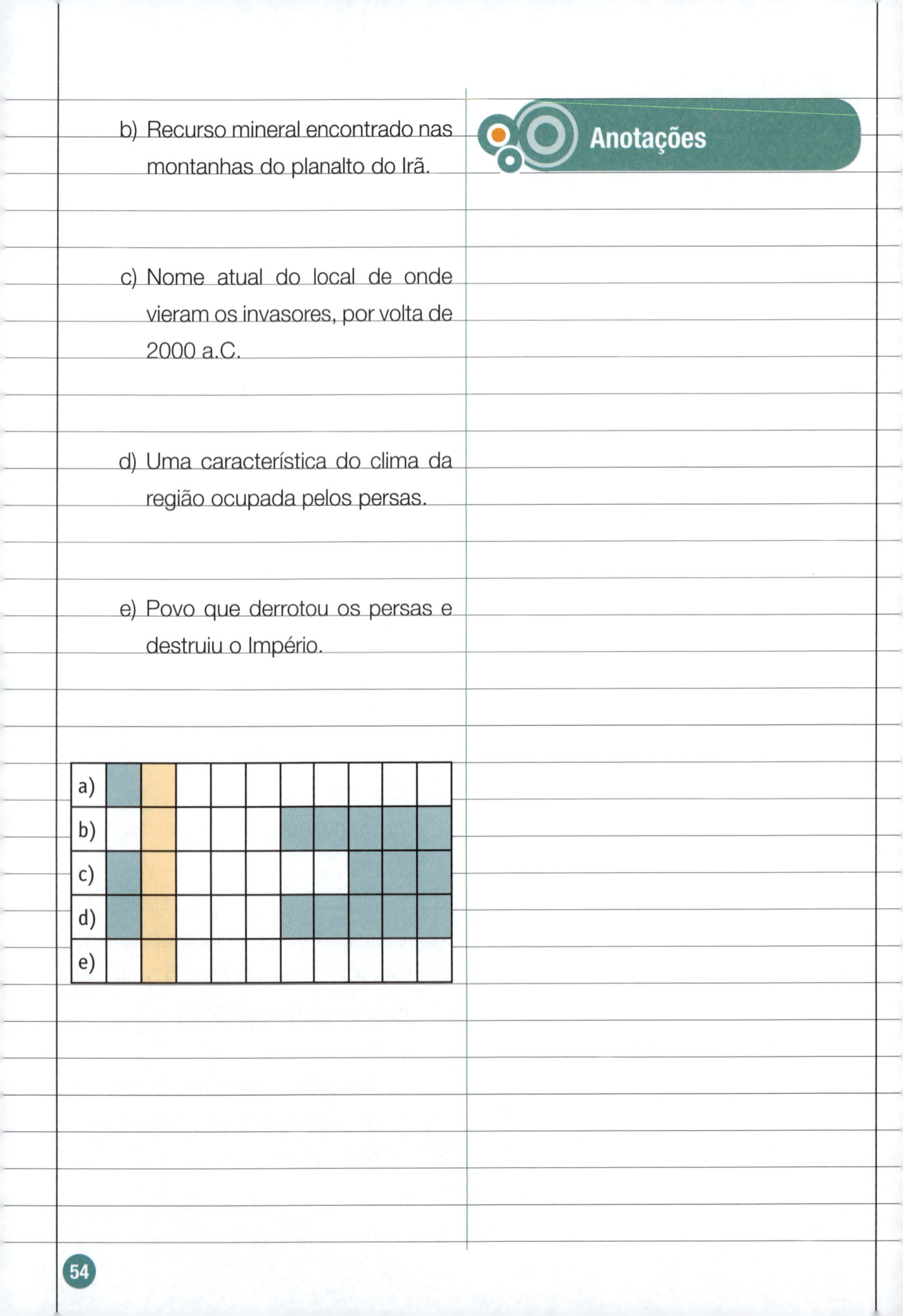

b) Recurso mineral encontrado nas montanhas do planalto do Irã.

c) Nome atual do local de onde vieram os invasores, por volta de 2000 a.C.

d) Uma característica do clima da região ocupada pelos persas.

e) Povo que derrotou os persas e destruiu o Império.

8. Civilizações do Extremo Oriente: China e Índia

No mundo antigo, na região do Extremo Oriente, desenvolveram-se duas importantes civilizações: a chinesa e a hindu.

O território da China é formado por planícies férteis, graças à presença de dois rios: o Hoang-ho (rio Amarelo) e o Yang-tsé-kiang (rio Azul).

A Índia é uma grande península situada ao sul do continente asiático. A região é cortada por dois grandes rios, o Indo e o Ganges, que fertilizam a terra, propiciando o desenvolvimento da agricultura.

A CIVILIZAÇÃO CHINESA

Pelos vestígios encontrados, sabe-se que, desde 3000 a.C., nas margens do rio Amarelo, viviam comunidades de agricultores, pastores e artesãos. Por volta de 1500 a.C., houve a unificação política dessas comunidades agropastoris, iniciando-se o governo da dinastia Chang, que permaneceu no poder até aproximadamente 1027 a.C. O soberano era ao mesmo tempo rei e sacerdote.

Os chineses veneravam as forças da natureza e o espírito dos antepassados.

A essa dinastia sucedeu-se outra. Os domínios chineses atingiram o rio Azul. Mas, a partir do século VIII a.C., houve o enfraquecimento do poder real e o fortalecimento da nobreza, provocando a divisão da China em feudos independentes. Eram constantes os conflitos entre eles.

Em 221 a.C., Che Huang-ti unificou a China pelas armas e proclamou-se imperador. Em seu governo, impôs a todos os chineses um mesmo sistema de escrita e de pesos e medidas. Construiu estradas e canais de irrigação. Por volta de 200 a.C., para defender o império das invasões estrangeiras, ordenou o início da construção da **Grande Muralha**. Seus sucessores ampliaram as fronteiras do Império Chinês, que se tornou poderoso e durou até 1912, quando foi proclamada a República.

1. No Extremo Oriente, duas importantes civilizações se destacaram desde a Antiguidade: a _____ e a _____.

2. Como é formado o território da China?

3. Quais os aspectos geográficos da Índia?

4. Os vestígios mais remotos de povoamento na China datam de _____.

5. Que atividades econômicas tinham os primitivos habitantes da China?

6. O que ocorreu com as comunidades agropastoris da China por volta de 1500 a.C.?

7. O que ocorreu com o poder real após o século VIII a.C. na China? Qual a consequência desse fato?

8. Uma obra grandiosa da China, existente até hoje, foi construída para defender o império das invasões estrangeiras. Estamos nos referindo:

a) À Grande Torre Chinesa. ( )

b) À Grande Muralha. ( )

c) A milhares de fortes ao longo da fronteira do Império Chinês. ( )

d) A corporações de soldados bem treinados. ( )

A VIDA POLÍTICA, SOCIAL E ECONÔMICA DOS CHINESES

A mais alta posição na sociedade chinesa era ocupada pelo imperador, considerado Filho do Céu. Na administração, era auxiliado pelos mandarins, que, muitas vezes, tinham mais autoridade que o próprio imperador. Eles cuidavam do recolhimento dos impostos e organizavam e controlavam as atividades produtivas. Também detinham privilégios as classes dos militares, comerciantes e sacerdotes.

Os não privilegiados, que compunham a maioria da sociedade, eram os camponeses, que trabalhavam nas terras do Estado e participavam da construção de estradas e diques, e os artesãos.

O artesanato chinês era bastante diversificado. Eram confeccionados vasos, objetos de marfim e jade e porcelana. Também conheciam a metalurgia e produziam peças de bronze, ferro e aço.

Os chineses criavam o bicho-da-seda em plantações de amora e com os fios teciam a seda, que chegou a ser comercializada em várias partes do mundo na época.

Os produtos chineses eram apreciados e comprados por outros povos, inclusive pelos romanos. Estabeleceu-se uma importante rota comercial entre a China e o Ocidente, conhecida como **Rota da Seda**.

Os chineses foram também os inventores da bússola e do papel e criaram uma forma de impressão, a xilogravura. Utilizavam a pólvora para fazer fogos de artifício, muito apreciados por eles.

9. A mais alta posição na sociedade chinesa era ocupada pelo _____, considerado _____. Na administração, era auxiliado pelos _____. Também detinham privilégios as classes dos _____, _____ e _____.

10. Em quais ramos de atividade econômica os chineses se destacaram?

11. O que era a Rota da Seda?

12. Como os chineses produziam a seda?

13. Cite algumas invenções chinesas até hoje usadas pelo homem contemporâneo.

O PENSAMENTO CHINÊS

Dentre as várias correntes do pensamento chinês, destacam-se o **confucionismo** e o **taoísmo**.

O sábio Kong Qiu, conhecido como Confúcio, afirmava que o homem consegue se aperfeiçoar por meio do controle de suas emoções, praticando as virtudes: retidão, prudência, caridade, justiça e amor filial.

Lao-tsé foi o fundador do taoísmo. Tao, em chinês, significa "caminho". Entre outros princípios, esse pensador defendia uma vida simples e natural, porque é por intermédio dela que os homens podem atingir a harmonia consigo mesmos e com os outros. Segundo ele, o apego às riquezas materiais é o fator responsável pela desarmonia entre as pessoas.

14. São correntes do pensamento chinês:

a) O judaísmo e o cristianismo. ( )

b) O zoroastrismo e o islamismo. ( )

c) O confucionismo e o taoísmo. ( )

d) O protestantismo e o xamanismo. ( )

15. Quem foram Kong Qiu e Lao-tsé?

16. Como ocorreu a ocupação da Índia, por volta de 2000 a.C.?

17. Os dois grandes rios que fertilizam a Índia são:

a) Tigre e Eufrates. ( )

b) Amarelo e Azul. ( )

c) Nilo e Jordão. ( )

d) Indo e Ganges. ( )

18. No início, existiam na Índia Estados _____, formados pelos povos invasores, os _____.

A CIVILIZAÇÃO HINDU
Por volta do ano 2000 a.C., a Índia foi invadida pelo povo ariano (de pele clara), que submeteu os habitantes locais, os dravidianos (povo de pele escura). Quando se estabeleceram às margens dos rios Indo e Ganges, desenvolveram a agricultura e formaram Estados independentes. Os invasores organizaram a estrutura social do Estado em seu benefício.

A DIVISÃO EM CASTAS
A religião predominante, o **bramanismo**, que tinha Brama como a divindade principal, justificou a organização da sociedade em uma hierarquia rígida, o sistema de **castas**. Segundo a crença, o homem nasce predestinado a ocupar determinada posição social, ou seja, pertencer a determinada casta. Acreditavam que

a alma de uma pessoa renasceria em outro corpo e que, de acordo com a sua conduta em vida, poderia pertencer a uma casta superior ou inferior. As castas sociais eram as seguintes:

- brâmanes, ou sacerdotes, considerados os intermediários entre os deuses e os homens. Ocupavam a posição mais importante na sociedade e eram considerados a casta mais pura;
- xátrias, ou guerreiros, que ocupavam altos cargos públicos;
- vaícias, que eram camponeses livres, pastores, agricultores e artesãos;
- sudras, que formavam o setor mais baixo da população.

O BUDISMO

Um príncipe chamado **Sidarta Gautama**, nascido no norte da Índia, próximo às fronteiras do atual Nepal, aos 29 anos de idade abandonou seu reino, renunciando à sua posição social privilegiada. Consagrou-se à busca de valores mais elevados e ao serviço voltado para o próximo. Condenava o sistema de divisão em castas, alegando ser esse sistema responsável por preconceitos, exploração e sofrimento dos homens.

Gautama incentivava os homens a praticarem a meditação e o desprendimento em relação às coisas materiais. Tornou-se o Buda, o Iluminado.

Essa nova religião, o budismo, foi ganhando adeptos, até que, no século III a.C., foi considerada religião oficial. Da Índia o budismo se difundiu para outras partes do mundo, a China, o Japão e o Sudeste Asiático. Até hoje conta com milhões de adeptos, inclusive no mundo ocidental.

19. Na Índia, o sistema de castas era justificado pela religião, o

20. Como a religião explicava o sistema de castas na Índia?

21. Quem foi Sidarta Gautama?

22. Sobre o budismo, é correto afirmar:

a) É uma religião restrita à Índia. ( )

b) Desapareceu completamente há mais de mil anos. ( )

c) Difundiu-se por toda a Ásia e até hoje conta com milhões de adeptos no mundo inteiro. ( )

d) Atingiu apenas a Índia, a China e o Japão. ( )

Revisão

1. As civilizações chinesa e hindu se destacaram, na Antiguidade, no:

a) Oriente Próximo. ( )
b) Oriente Médio. ( )
c) Extremo Oriente. ( )
d) Ocidente. ( )

2. Qual a importância da existência de grandes rios na China e na Índia?

3. Os primitivos habitantes da China dedicavam-se à _____, ao _____ e ao _____. Formavam _____ independentes que foram _____ sob a dinastia Chang.

4. Sobre a China Antiga, **NÃO** é correto afirmar que:

a) Houve um longo período em que a nobreza era poderosa, provocando a divisão da China em feudos independentes. ( )

b) Depois da unificação da China, em 221 a.C., formou-se um sólido império que durou até o século XX. ( )

c) Os antigos chineses construíram a Grande Pirâmide, existente até hoje em seu território. ( )

d) Já na Antiguidade, os chineses conheciam o papel e a pólvora. ( )

5. Na Antiguidade, a China estabeleceu contato com o Ocidente principalmente por meio de:

a) Diplomatas. ( )

b) Correio. ( )

c) Rotas comerciais. ( )

d) Militares. ( )

6. Um dos produtos mais valorizados da China, procurado por outros povos, era:

a) O ouro. ( )

b) A jade. ( )

c) A prata. ( )

d) A seda. ( )

7. Vêm da China duas correntes de pensamento, o taoísmo e o confucionismo. Complete:

a) Fundou o taoísmo:

b) Fundou o confucionismo:

c) Um princípio do taoísmo:

d) Um princípio do confucionismo:

8. Na Índia, formou-se um sistema social muito característico, justificado pela religião. Estamos falando do:

a) Sistema budista. ( )

b) Sistema classista. ( )

c) Sistema de castas. ( )

d) Sistema de mobilidade social. ( )

9. Era uma crença da religião na Índia:

   a) O homem nasce predestinado a ocupar determinada posição social. (   )

   b) A alma de uma pessoa renasceria em outro corpo. (   )

   c) De acordo com a conduta em vida, a pessoa poderia mudar de casta ao renascer. (   )

   d) Todas as alternativas anteriores estão corretas. (   )

10. Por que Buda condenava a divisão da sociedade em castas?

Anotações

9. Antiguidade Ocidental ou Clássica: Grécia

LOCALIZAÇÃO

A Península Balcânica (Mediterrâneo Oriental) foi cenário da civilização grega, uma das mais avançadas que a humanidade conheceu e que deixou um vasto legado.

A posição geográfica da Grécia ajudou para que ela fosse um elo entre a Europa e o Oriente Próximo.

A Grécia divide-se em: **continental**, situada na região meridional da Península Balcânica; **peninsular**, separada da Grécia continental pelo golfo de Corinto; **insular**, formada pelas ilhas dos mares Egeu e Mediterrâneo; e **asiática**, formada após a colonização da Ásia Menor.

O relevo montanhoso da Grécia dificultava a comunicação interna, prejudicando a unidade política. Porém, o litoral recortado, com vários portos naturais, concorreu para que os gregos se dedicassem à navegação e ao comércio.

1. Onde se localizava a Grécia?

2. Por causa de sua _____, a Grécia sempre foi um elo entre a _____ e o _____.

3. Como se dividia a Grécia geograficamente?

4. Por que os gregos se dedicaram mais ao comércio e à navegação?

A FORMAÇÃO DO POVO GREGO

Por volta de 2000 a.C., a Península Balcânica, que já era habitada por grupos de pastores seminômades, começou a ser ocupada por povos indo-europeus, provenientes das planícies euro-asiáticas: os aqueus, os eólios, os jônios e os dórios.

Os **aqueus** foram os primeiros a chegar. Concentraram-se no Peloponeso e fundaram cidades, entre elas Micenas. Em meados do século XV a.C., invadiram a ilha de Creta, assimilando a cultura dos cretenses, originando, assim, a **civilização creto-micênica**. Expandiram-se pela Ásia Menor, invadiram e destruíram a cidade de Troia, ponto comercial estratégico entre os mares Egeu e Negro.

Os **eólios** atingiram várias regiões, entre elas a Tessália.

Os **jônios** se estabeleceram na Ática, onde mais tarde foi fundada a cidade de Atenas.

A invasão dos **dórios** iniciou-se por volta de 1200 a.C. Destruíram a civilização creto-micênica, o que provocou a dispersão de parte de sua população para o interior e para as ilhas do mar Egeu e para a costa da Ásia Menor. Esse episódio é conhecido como a **Primeira Diáspora**.

Depois do esplendor da civilização creto-micênica, a Grécia sofreu um processo de regressão. Várias cidades foram saqueadas, a escrita caiu em desuso e a economia passou a ser de subsistência. Socialmente, os gregos voltaram a viver em grandes famílias, os **genos**.

5. Por volta de 2000 a.C. a Península Balcânica já era habitada? Por quem?

6. Quais grupos indo-europeus ocuparam gradativamente a Península Balcânica?

7. A Grécia vivenciou um período de regressão cultural depois que a civilização _____ foi destruída pelos _____ .

8. As grandes unidades familiares na Grécia Antiga se chamavam _____ .

TEMPOS HOMÉRICOS

Os Tempos Homéricos tiveram início com a invasão dos dórios, em 1200 a.C., e se estenderam até 800 a.C. São assim denominados porque as principais fontes para o estudo desse período são as obras poéticas atribuídas a Homero, a *Ilíada* (relatos sobre a expansão dos aqueus na Ásia Menor) e a *Odisseia* (narrativa sobre a volta dos heróis gregos, como Ulisses, e sobre a vida cotidiana).

Ruínas do templo Partenon, em Atenas, Grécia.

9. A denominação Tempos Homéricos para o início da história grega foi dada porque as principais fontes para o estudo desse período são as obras atribuídas ao poeta _____ , a _____ e a _____ .

10. Os relatos sobre a expansão dos aqueus na Ásia Maior estão no poema _____.

11. A narrativa sobre a vida cotidiana dos gregos e o retorno de grandes heróis, como Ulisses, está no poema _____.

> O Período Homérico se caracterizava:
> - pela organização em **genos**, famílias coletivas que reuniam descendentes de um antepassado comum. Cada geno era chefiado pelo membro mais velho, o *pater*, com autoridade militar, religiosa e política;
> - pela economia sustentada na agricultura e no pastoreio. A terra era propriedade coletiva. A produção destinava-se à subsistência da família. O comércio era pouco desenvolvido e feito com base nas trocas diretas.

12. O Período Homérico se caracterizava por:

a) Organização dos genos. ( )

b) Propriedade coletiva da terra. ( )

c) Produção agrícola e pastoreio destinados à subsistência. ( )

d) Todas as alternativas anteriores estão corretas. ( )

13. Nas comunidades gentílicas, quem era o *pater*?

> **DESINTEGRAÇÃO DA COMUNIDADE GENTÍLICA**
>
> Por volta do século VIII a.C., iniciou-se o processo de desintegração das comunidades gentílicas. O crescimento populacional foi maior que o da produção e começaram a faltar alimentos. As terras para o cultivo também eram poucas para tantas pessoas.
>
> O *pater* passou a dividir as terras. Beneficiou seus parentes mais próximos, dando-lhes os melhores lotes, que foram transformados em propriedades privadas. Alguns membros dos genos ficaram com terras menos férteis, e outros passaram a se dedicar ao artesanato ou ao comércio. Mas a maioria da população do geno ficou sem terra nenhuma e começou a abandonar o território. Passou a existir acentuada desigualdade social. Formou-se uma poderosa camada, a aristocracia rural.

14. Por que a partir do século VIII a.C. as comunidades gentílicas começaram a se desintegrar?

15. Explique por que surgiu na Antiguidade grega a desigualdade social.

> **O SURGIMENTO DA PÓLIS**
>
> As tensões sociais e as crises levaram alguns genos a se unirem, formando uma **frátria**. Certo número de frátrias reunidas formava uma **tribo**. Aos poucos, as tribos de dada região passaram a se agrupar, formando a **pólis**, a cidade-estado grega. Portanto, não havia unidade política na Grécia Antiga.
>
> Em geral, a pólis surgia em torno da acrópole, um conjunto de edificações em um terreno elevado, para facilitar a defesa. Inicialmente, a pólis possuía economia autossuficiente e a forma de governo adotada era a monarquia.
>
> Cada cidade-estado era governada por um rei, o **basileus**, assessorado por um conselho formado por representantes da aristocracia. Havia também uma assembleia popular composta pelos cidadãos, aqueles que tinham direitos políticos. A Grécia teve inúmeras cidades-estados importantes, dentre as quais se destacaram Esparta e Atenas.

16. Na história da Grécia antiga destacaram-se as cidades-estados _____ e _____.

17. Associe corretamente.

a) Geno
b) Frátria
c) Tribo

d) Pólis
e) Basileus

( ) Cidade-estado grega, com independência em relação às outras.

( ) Título que recebia o rei nas monarquias gregas.

( ) Família que reunia os descendentes de um antepassado comum.

( ) Reunião de diversas frátrias.

( ) Reunião de diversos genos.

( ) Reunião de diversas tribos.

A EXPANSÃO COLONIAL

O último século do Período Homérico foi marcado por intenso movimento de colonização, decorrente da necessidade de terras férteis por causa do aumento populacional ocorrido na época. Foram colonizadas regiões do Mediterrâneo, o norte do mar Negro, as costas asiáticas e o norte da África. Essa emigração grega foi denominada de **Segunda Diáspora**.

As principais colônias gregas foram:
- no mar Negro, Bizâncio (hoje Istambul);
- na Ásia Menor, Fócia, Esmirna, Éfeso e Mileto;
- na Península Itálica (Magna Grécia), Tarento, Crotona, Siracusa;
- na Gália, Massília (Marselha de hoje).

As colônias eram autônomas e politicamente independentes, apesar de manterem vínculos com suas cidades de origem. Consideravam-se pertencentes à comunidade helênica.

O colonialismo provocou uma expansão da agricultura, da pecuária e do artesanato, tanto nas colônias como na própria Grécia. Houve desenvolvimento comercial, como resultado da abertura de novas rotas. A Grécia importava alimentos e matérias-primas e exportava produtos elaborados (vinho, azeite, cerâmica etc.).

18. No final do Período Homérico, o crescimento populacional levou os gregos a:

a) Muitas guerras entre as cidades-estados. ( )

b) Dividir as terras dos genos entre todos. ( )

c) Colonizar regiões do Mediterrâneo. ( )

d) Conquistar mais terras no interior da Península Balcânica. ( )

19. Associe a colônia grega à região onde surgiu.

a) Bizâncio
b) Mileto
c) Siracusa
d) Massília

( ) Gália
( ) Mar Negro
( ) Ásia Menor
( ) Península Itálica

20. Quais foram as consequências do colonialismo grego?

> **PERÍODO ARCAICO (SÉCULO VIII a.C. ATÉ SÉCULO V a.C.)**
>
> O período da história grega que se estendeu do século VIII a.C. até o século V a.C. é denominado **Arcaico** e caracteriza-se por transformações políticas e sociais e pela consolidação das cidades-estados. A monarquia foi sendo substituída pela **oligarquia**, que é o governo cujo poder se encontra nas mãos dos grandes proprietários de terra. Houve o enriquecimento da aristocracia, e a desigualdade social acentuou-se. A sociedade grega foi se tornando **escravista**. Os escravos eram conseguidos principalmente nas guerras, além de existir o escravismo por dívidas.

21. Depois dos _____, inicia-se na história grega o Período Arcaico, que se estende do século _____ até o século _____.

22. As principais características do Período Arcaico na Grécia foram:

a) Decadência das cidades-estados. ( )

b) Fortalecimento da monarquia. ( )

c) Enfraquecimento da aristocracia rural. ( )

d) Fortalecimento da oligarquia e início do escravismo. ( )

23. Como se obtinham escravos na Grécia Antiga?

ESPARTA

Esparta, localizada na Lacônia, na península do Peloponeso, foi fundada pelos dórios, que conseguiram dominar os aqueus e se apossaram de suas terras. Cercada por montanhas, não tinha saída para o mar. Assim, não desenvolveu o comércio e a navegação.

Segundo a tradição, a legislação que regia a vida de Esparta fora criada por **Licurgo**, personagem lendário que teria vivido na cidade no início de seus tempos.

24. Onde se localizava Esparta?

25. Qual povo indo-europeu fundou Esparta? Como isso ocorreu?

26. Por que Esparta, ao contrário da maioria das cidades gregas, não desenvolveu o comércio e a navegação?

27. Segundo a tradição, as leis de Esparta foram criadas por um personagem lendário chamado _____.

A SOCIEDADE EM ESPARTA

A sociedade espartana estava organizada em três camadas sociais:

- **esparciatas** – essencialmente guerreiros, eram descendentes dos dórios, povo que conquistou a região. Eram a camada dominante, detentora das terras férteis, que possuía direitos políticos;
- **periecos** – os aqueus que não resistiram aos invasores. Eram homens livres, mas sem direitos políticos. Atuavam como camponeses, artesãos e comerciantes. Em época de guerra, eram convocados para o serviço militar;
- **hilotas** – os aqueus que resistiram à invasão. Compunham a maior parte da população. Eram servos do Estado e trabalhavam nas terras dos esparciatas.

28. Quais camadas sociais existiam em Esparta?

O GOVERNO EM ESPARTA

Politicamente, Esparta era organizada de maneira a manter os privilégios da camada dominante. Os principais órgãos políticos eram:

- **Diarquia** – formada por dois reis, com autoridade religiosa e militar;

- **Gerúsia** – também conhecida como Conselho dos Anciãos, era composta de 28 esparciatas com mais de 60 anos. Fiscalizavam a administração e decidiam sobre a maior parte dos assuntos do governo;
- **Ápela** – era a Assembleia Popular, formada pelos cidadãos com mais de 30 anos. Sua principal função era eleger os éforos;
- **Eforato** – composto por cinco éforos, com mandato de um ano. Eram os verdadeiros administradores da cidade. Fiscalizavam os reis, controlavam o sistema educacional e distribuíam a propriedade entre os esparciatas.

( ) Eram os verdadeiros administradores da cidade.

( ) Órgão que controlava o sistema educacional.

( ) Fiscalizava a administração.

( ) Formada por cidadãos com mais de 30 anos.

29. Associe corretamente.

a) Diarquia
b) Gerúsia
c) Ápela
d) Eforato

( ) Era a Assembleia Popular.

( ) Conselho dos Anciãos com mais de 60 anos.

( ) Formada por dois reis, com autoridade religiosa e militar.

A EDUCAÇÃO ESPARTANA

Os cidadãos de Esparta recebiam uma rígida educação militar, para atender aos interesses do Estado. As crianças que nasciam com defeitos físicos eram sacrificadas. A partir dos 7 anos de idade, as crianças do sexo masculino eram entregues ao Estado para a sua educação. Iam morar em alojamentos comuns, separadas por idade. Com relação a ler e escrever, só aprendiam o suficiente para suas necessidades. Eram instruídas a ser obedientes, resistentes à fadiga e a vencer nos combates. Praticavam corrida, salto, luta, manejo de armas etc. Aos 17 anos, treinavam para a guerra matando os hilotas.

Aos 30 anos, tinham autorização para casar, mas continuavam vivendo nos acampamentos até os 60 anos, quando ocorria a sua liberação.

Também as mulheres espartanas praticavam exercício físico e deviam dar filhos sadios para o Estado. Tinham maior independência do que as mulheres das outras cidades.

30. Como era a educação dos cidadãos espartanos?

31. Qual era a situação das mulheres espartanas?

32. Qual era a localização de Atenas?

33. Como se formou a cidade de Atenas?

34. Quais foram as atividades econômicas mais importantes em Atenas?

> **ATENAS**
>
> A cidade de Atenas, localizada na Ática, nas proximidades do mar Egeu, formou-se com a aglutinação de tribos jônicas. No século VIII a.C., era um núcleo rural, mas começava a desenvolver o artesanato e o comércio. Em pouco tempo, essas duas atividades ganharam importância na economia da cidade.

> **A SOCIEDADE ATENIENSE**
>
> Atenas era formada pelas seguintes camadas sociais:
>
> - **eupátridas** – os "bem-nascidos", camada aristocrática que detinha os privilégios, constituída pelos grandes proprietários de terras;
> - **georghois** – pequenos proprietários de terras em regiões pouco férteis;
> - **thetas** – não possuíam terras. Eram trabalhadores assalariados;
> - **demiurgos** – artesãos e comerciantes concentrados no litoral;
> - **metecos** – estrangeiros que moravam em Atenas, geralmente se dedicando às atividades comerciais e ao artesanato. Não possuíam direitos políticos nem podiam comprar terras;
> - **escravos** – eram prisioneiros de guerra ou pessoas condenadas por dívidas. Atenas também possuía um número significativo de escravos.

35. Quais as camadas que formavam a sociedade ateniense?

36. Em Atenas, os estrangeiros podiam se dedicar ao comércio e ao artesanato, mas não possuíam direitos políticos nem lhes era permitido comprar terras. Estamos falando dos _____.

37. Prisioneiros de guerra ou pessoas condenadas por dívidas normalmente se tornavam _____ em Atenas.

AS TRANSFORMAÇÕES SOCIAIS E POLÍTICAS

Na evolução política de Atenas, podemos identificar as seguintes formas de governo: a monarquia, o arcontado, a tirania e finalmente a democracia.

A **monarquia** foi a primeira forma de governo de Atenas. O poder era exercido por um rei, intitulado basileus. Gradativamente, os eupátridas passaram a limitar o poder do rei, instituindo o **arcontado**. O governo ficou nas mãos de nove arcontes eleitos pelo conselho dos eupátridas. No arcontado, o regime político era a oligarquia.

O movimento de colonização favoreceu o desenvolvimento do artesanato e do comércio e transformou Atenas em um importante centro comercial. Os artesãos e comerciantes enriqueceram e passaram a reivindicar participação política.

O confronto entre os grupos sociais levou a uma crise política. Para resolvê-la, eram necessárias reformas.

Os aristocratas encarregaram Drácon de elaborar um código de leis escritas para a cidade. Eram leis rígidas, mas que não conseguiram resolver os conflitos sociais.

Como as tensões sociais continuavam, um novo legislador, Sólon, propôs reformas mais radicais. Houve a abolição da escravidão por dívidas e a adoção de um novo critério de divisão social baseado na riqueza, aumentando o número de cidadãos. Entretanto, as reformas de Sólon também não conseguiram apaziguar os ânimos.

Essa crise facilitou a tomada do poder por Pisístrato, que instalou a **tirania**. Esse tirano deu terras dos aristocratas aos pequenos proprietários, concedeu empréstimos aos agricultores, incentivou a colonização e o comércio e construiu obras públicas.

Pisístrato foi sucedido pelos seus filhos Hípias e Hiparco, que deram continuidade às obras do pai. Contudo, Hiparco foi assassinado e Hípias, deposto.

---

38. Até hoje, quando as leis são muito rígidas, costumam ser chamadas de leis draconianas. Essa denominação vem do nome _____, um legislador da cidade de _____ encarregado pela _____ de elaborar um código de leis escritas.

39. A abolição da escravidão por dívidas e a adoção de um novo critério de divisão social baseado na riqueza, em Atenas, foram reformas propostas pelo legislador _____.

40. Quais foram as principais realizações do tirano Pisístrato?

> - **Bulé** – assembleia encarregada da elaboração das leis;
> - **Eclésia** – votava as leis e escolhia os estrategos, encarregados de fazer executar as leis;
> - **Hileia** – tribunal de justiça.
>
> É importante lembrar que os cidadãos de Atenas representavam a minoria da sociedade. Não podiam participar da vida política as mulheres, os estrangeiros (que eram em grande número), os jovens e os escravos. Ao mesmo tempo que se aperfeiçoavam as instituições democráticas, consolidava-se o escravismo.

41. A democracia ateniense foi criada com as reformas políticas realizadas por _____.

> **A DEMOCRACIA ATENIENSE**
>
> Em 509 a.C., um aristocrata, Clístenes, realizou reformas que deram origem à **democracia** ateniense. O direito de cidadania foi ampliado. Passaram a ser considerados cidadãos os filhos de pai ateniense. Clístenes criou a **Lei do Ostracismo**, que era a condenação ao exílio de Atenas, por dez anos, às pessoas consideradas perigosas pelo Estado democrático ateniense.
>
> A democracia ateniense atingiu o apogeu no século V a.C., com Péricles, que governou 14 anos e promoveu Atenas tanto política como culturalmente.
>
> O governo democrático de Atenas era constituído da seguinte forma:

42. O que era a Lei do Ostracismo? Quem a criou?

43. A democracia ateniense atingiu seu apogeu no século _____, no governo de _____.

PERÍODO CLÁSSICO (SÉCULOS V E IV a.C.)

O Período Clássico é marcado por grandes realizações nos campos político, artístico e intelectual. As criações artísticas e o pensamento grego mantiveram-se vivos no tempo e permanecem até hoje. Nesse período, a Grécia enfrentou e derrotou os exércitos do Império Persa.

Entretanto, também foi nesse período que se iniciou a decadência grega. Acentuaram-se as rivalidades entre as cidades-estados, que provocaram o enfraquecimento político.

44. Os séculos V e IV a.C. na Grécia Antiga constituem o chamado _____.

45. Depois que os gregos enfrentaram e derrotaram os exércitos do _____, iniciou-se a _____ grega. As cidades-estados tiveram acentuadas as _____ entre si.

GUERRAS MÉDICAS

Guerras Médicas é o nome que se dá ao conflito entre gregos e persas na Antiguidade. A palavra vem de "medos", como eram chamados alguns habitantes do Irã.

Os persas, na sua expansão imperialista, conquistaram as colônias gregas da Ásia Menor. Por ordem de Dario I, organizaram um poderoso exército e desembarcaram na planície de Maratona, próxima a Atenas. Foram derrotados pelos exércitos atenienses.

Em 480 a.C., Xerxes, filho e sucessor de Dario I, organizou um poderoso exército e invadiu a Grécia, incendiando Atenas. As forças unidas de Atenas e Esparta conseguiram expulsar os persas do território. Ao mesmo tempo, uma esquadra persa cercou o litoral grego, mas também foi derrotada pelos atenienses. Os persas recuaram para a Ásia Menor.

Com o término da guerra, Atenas organizou a Confederação de Delos, sob sua liderança. As cidades-estados aliadas contribuíam com recursos, mas mantinham a sua soberania político-administrativa. Atenas tinha a função de defender os interesses dos aliados, mas não interferia nas decisões internas dos governos.

Atenas foi amplamente beneficiada com mão de obra escrava, navios e dinheiro. O regime democrático foi implantado em muitas das cidades confederadas. Também a moeda e os pesos e medidas de Atenas tiveram de ser adotados por todas as cidades.

46. Entende-se por Guerras Médicas o conflito entre _____ e _____.

47. Qual foi o motivo que levou os gregos a lutarem contra os persas?

48. A vitória sobre os persas foi alcançada:

a) Apenas pela cidade de Atenas. ( )

b) Apenas pela cidade de Esparta. ( )

c) Depois que Atenas conquistou Esparta. ( )

d) Com a união entre espartanos e atenienses. ( )

49. Por que Atenas foi beneficiada na Confederação de Delos?

> Nessas guerras, Esparta, Corinto, Tebas e Megara uniram-se contra Atenas, que foi derrotada. Esparta assumiu a liderança sobre as cidades.
>
> Os espartanos agiam com agressividade, provocando a revolta de muitas cidades. Foram vencidos pelos tebanos, frágeis militarmente, mas que contavam com o amplo apoio de aliados.
>
> Aproveitando-se da desunião dos gregos, o rei da Macedônia, Felipe II, preparou um poderoso exército a fim de dominar a Grécia.

50. O que foram as Guerras do Peloponeso?

51. Coloque F para falso e V para verdadeiro.

a) Atenas venceu as Guerras do Peloponeso. ( )

b) Esparta uniu-se a outras cidades-estados e conseguiu derrotar Atenas. ( )

c) Depois de vencer Atenas, os espartanos acabaram derrotados pela cidade de Tebas. ( )

> **GUERRAS DO PELOPONESO**
>
> Após a derrota dos persas, iniciou-se um período de luta entre as cidades-estados gregas para o domínio da Península Balcânica.
>
> A hegemonia ateniense foi combatida por Esparta, provocando as Guerras do Peloponeso, entre 431 e 404 a.C.

d) O período de guerras internas na Grécia favoreceu a conquista da Península Balcânica pelos macedônicos. ( )

52. Onde se localizava a Macedônia?

53. O rei macedônico que conquistou a Grécia foi:

a) Queroneia. ( )

b) Alexandre. ( )

c) Felipe II. ( )

d) Clístenes. ( )

A MACEDÔNIA DOMINA A GRÉCIA

A Macedônia estava situada ao norte da Grécia. Os macedônicos eram agricultores e pastores, e o poder estava nas mãos dos proprietários de terras e de escravos.

No final do século IV a.C., no reinado de Felipe II, houve a centralização do poder. O rei confiscou terras da aristocracia, distribuindo-as aos camponeses, diminuiu o poder da nobreza e organizou o exército. Aproveitou-se do enfraquecimento das cidades gregas, em virtude da rivalidade que existia entre elas, para iniciar a concretização de seu plano. Pretendia conquistar as cidades gregas, fazê-las suas aliadas e dominar o Império Persa. Em 338 a.C., Felipe II derrotou os gregos na Batalha de Queroneia. Dois anos depois, foi assassinado por seus generais.

Com o assassinato de Felipe II, em 336 a.C., o poder passou para seu filho Alexandre Magno, que deu continuidade à política expansionista.

Após derrotar a cidade de Tebas, Alexandre iniciou a conquista da Ásia. Em 334 a.C., Alexandre atravessou o Helesponto e dominou a Ásia Menor. Logo depois conquistou a Síria, a Fenícia, a Palestina, o Egito e o Império Persa. Em 327 a.C., invadiu a Índia.

A FRAGMENTAÇÃO DO IMPÉRIO DE ALEXANDRE MAGNO

O cansaço dos soldados, o calor e as chuvas na Índia obrigaram Alexandre a iniciar sua volta para o Ocidente. Mas, em 323 a.C., ele morreu na Babilônia, capital de seu imenso império, vítima de uma febre. Logo após, os generais lutaram entre si, apoderando-se de territórios que originaram novos Estados:

- Seleuco ficou com a Pérsia, a Mesopotâmia e a Síria;
- Cassandro ficou com a Macedônia e a Grécia;
- Lisímico ficou com a Ásia Menor e a Trácia;
- Ptolomeu tornou-se faraó do Egito.

As campanhas de Alexandre contribuíram para a fusão da cultura grega com a cultura oriental, cujos grandes centros eram Alexandria, Pérgamo e Antióquia. Era a **cultura helenística** ou o **helenismo**, com a predominância do idioma grego.

Na época helenística, houve grande desenvolvimento das cidades orientais. Suas ruas e praças eram pavimentadas, havia um bom sistema de abastecimento de água, mercados, grandes edifícios, bibliotecas, teatros, campos de atletismo, templos e edifícios públicos, onde se reuniam o Conselho Municipal e a Assembleia Popular.

A CULTURA GREGA

O grande legado dos gregos repousa em sua extraordinária produção cultural, considerada a base da cultura ocidental. Podem-se citar como características da cultura helênica o humanismo, o otimismo e a simplicidade nas artes.

A RELIGIÃO

A religião grega era politeísta e antropomórfica. Os deuses eram considerados semelhantes aos homens, possuindo também sentimentos bons ou maus, com a única diferença de serem imortais. Segundo a crença, eles viviam no monte Olimpo. Os principais eram Zeus (soberano dos deuses), Afrodite (deusa do amor e da beleza), Ares (deus da guerra), Palas (deusa da sabedoria), Hermes (deus do comércio), entre outros.

Acreditavam também na existência de semideuses e heróis, que seriam seres mortais, mas capazes de praticar ações próprias dos deuses, como é o caso de Teseu, herói ateniense que matou o minotauro, monstro metade homem, metade touro, que vivia no palácio do rei Minos, na ilha de Creta. Segundo a lenda, esse monstro exigia periodicamente a oferenda de sete moças e sete moços atenienses.

54. Associe corretamente.

a) Seleuco

b) Cassandro

c) Lisímico

d) Ptolomeu

( ) Egito.

( ) Pérsia, Mesopotâmia e Síria.

( ) Grécia e Macedônia.

( ) Ásia Menor e Trácia.

55. A fusão da cultura _____, levada pelos exércitos de Alexandre Magno, com a cultura _____ deu origem ao helenismo ou cultura _____.

56. Coloque F para falso e V para verdadeiro.

a) A religião dos gregos era muito semelhante a todas as religiões da Ásia. ( )

b) Os deuses gregos eram como homens, com sentimentos e emoções humanas. ( )

c) Além de deuses, os gregos acreditavam em semideuses e heróis. ( )

d) Os gregos acreditavam em deuses que tinham apenas a forma de animais, como o minotauro. ( )

e) Entre os deuses gregos, um dos mais populares era Teseu, que vivia no monte Olimpo. ( )

AS ARTES E AS CIÊNCIAS

A arte grega era humanista e idealista. Na arquitetura, os gregos desenvolveram três estilos, conhecidos por suas colunas: o **dórico** (mais simples), o **jônico** (colunas mais leves) e o **coríntio** (mais luxuoso, tinha os capitéis enfeitados com folhas).

Na escultura, houve uma tendência para a criação de figuras humanas idealizadas. Fídias, grande escultor da época de Péricles, esculpiu a estátua da deusa Atena, no Partenon (templo em Atenas); Míron foi o autor do Discóbulo; Praxíteles foi o autor da estátua de Hermes.

No campo da literatura e do teatro, o modelo criado pelos gregos perdura até os dias de hoje. Na poesia épica destacou-se Homero, com suas obras *Ilíada* e *Odisseia*. A poesia lírica era cantada com o acompanhamento de instrumentos musicais. Destacaram-se a poetisa Safo e o poeta Píndaro.

O teatro grego tinha a função não só de divertir, mas também de instruir. Dois gêneros se destacaram: a **tragédia** e a **comédia**. Na tragédia, destacaram-se Ésquilo, que escreveu *Prometeu acorrentado*, e Sófocles, autor de *Édipo Rei* e *Antígona*. Na comédia, pode-se citar Aristófanes, que escreveu *As nuvens* e *As rãs*, criticando os políticos e a sociedade.

Nas ciências, os gregos contribuíram para o desenvolvimento da matemática com Tales e Pitágoras; na medicina, com Hipócrates de Cós, que descobriu que as doenças têm causas naturais; na História, com Tucídides e Xenofonte, que registraram fatos da vida dos gregos.

57. Complete o que se pede sobre as artes e as ciências gregas.

a) Nome de um escultor:

b) Poeta que escreveu a *Ilíada*:

c) Uma poetisa:

d) Nome de uma comédia:

e) Descobriu que as doenças têm causas naturais:

f) Um historiador:

g) Autor da peça de teatro *Édipo Rei*:

A FILOSOFIA GREGA

Na Grécia desenvolveu-se a filosofia, palavra que significa "amor à sabedoria". Os gregos buscavam explicar racionalmente o Universo, a vida e o homem. Mileto, colônia grega da Ásia Menor, reuniu vários filósofos que deram explicações sobre a origem do Universo. Destacaram-se Tales, Anaxímenes e Anaximandro.

Outro importante filósofo grego foi **Pitágoras**, que concebia o mundo governado pelos números, aos quais atribuía qualidades mágicas.

Durante o século V a.C., surgiram os **sofistas**, que tinham o homem como centro de suas especulações. Destacam-se Górgias, Hípias, Crítias e outros. O mais importante sofista, contudo, foi Protágoras, que dizia: "O homem é a medida de todas as coisas".

No final do século V a.C., surgiu a Escola Socrática, fundamentada no pensamento de **Sócrates**. Esse filósofo não deixou nada escrito. O que sabemos sobre seu pensamento se deve ao que seus discípulos escreveram, principalmente **Platão**.

A filosofia socrática tinha como base a moral. Entre os seus preceitos filosóficos, podemos citar: "Conhece-te a ti mesmo" e "Só sei que nada sei". Sócrates dialogava com as pessoas, mostrando a elas as contradições de seus conceitos, forçando-as a admitir a sua ignorância. A partir daí, novos conceitos seriam formulados, sempre sujeitos a novas contestações. Esse é o método socrático. Em consequência de suas críticas à política ateniense, Sócrates foi condenado à morte.

Platão, discípulo de Sócrates, considerava que a razão humana é capaz de conhecer as ideias perfeitas (Bem, Beleza, Verdade, Justiça etc.). Esse conhecimento pode despertar no homem o desejo de possuí-las, alcançando, assim, a plenitude humana.

Aristóteles, discípulo de Platão, considerava que, por meio da razão, o homem pode obter um conhecimento verdadeiro do mundo. Mas, para isso, deve pensar corretamente, e as normas para atingir esse objetivo estão contidas em sua obra, a *Lógica*.

58. Qual é o significado da palavra filosofia?

59. O que os gregos pretendiam explicar por meio da filosofia?

60. "Conhece-te a ti mesmo" e "Só sei que nada sei" são máximas criadas pelo filósofo grego:

a) Platão. ( )

b) Aristóteles. ( )

c) Pitágoras. ( )

d) Sócrates. ( )

Revisão

1. A Grécia se localizava:

a) Na Península Balcânica, no Mediterrâneo Oriental. ( )

b) Na Península Itálica, no Mediterrâneo Central. ( )

c) Na Península Ibérica, no Mediterrâneo Ocidental. ( )

d) Na Ásia Menor, na região mediterrânea. ( )

2. Sobre as características geográficas da Grécia, podemos afirmar que:

a) Influenciaram o fato de nunca ter existido um governo centralizado para toda a região. ( )

b) Dificultaram a agricultura e favoreceram o comércio marítimo. ( )

c) Favoreceram a expansão colonialista pelo Mediterrâneo. ( )

d) Todas as alternativas anteriores estão corretas. ( )

3. Os primeiros tempos da história grega são estudados por meio de dois poemas atribuídos ao poeta Homero:

a) Poemas da Antiguidade e Poemas Clássicos. ( )

b) Édipo Rei e Antígona. ( )

c) *As nuvens* e *As rãs*. ( )

d) *Ilíada* e *Odisseia*. ( )

4. O que eram genos?

5. Cite três características das comunidades gentílicas na Grécia.

6. A partir do século VIII a.C., o crescimento populacional na Grécia foi maior do que o crescimento da produção. Esse fato provocou:

a) O fim da propriedade privada. ( )

b) A decadência da escravidão. ( )

c) A desintegração das comunidades gentílicas. ( )

d) A divisão da terra entre todos, de maneira igual. ( )

7. Explique como nasceram as pólis, ou cidades-estados gregas.

8. Na história da Grécia Antiga, destacaram-se as cidades-estados fundadas na região da Ática e na região da Lacônia. Estamos falando, respectivamente, de:

a) Atenas e Esparta. ( )

b) Esparta e Atenas. ( )

c) Micenas e Tebas. ( )

d) Tebas e Micenas. ( )

9. Assinale apenas as afirmações corretas sobre a cidade-estado de Esparta:

a) Ao contrário da maioria das cidades gregas, não desenvolveu o comércio e a navegação. ( )

b) Segundo a tradição, suas leis foram criadas por um personagem lendário chamado Licurgo. ( )

c) A classe dominante era a dos hilotas, que tinham todos os privilégios políticos. ( )

d) Apenas os descendentes dos conquistadores dórios tinham direitos políticos. ( )

e) A educação era rígida, militarista e valorizava o desenvolvimento atlético. ( )

f) O governo era organizado de modo a manter direitos iguais para todos os habitantes da cidade. ( )

g) As mulheres espartanas eram mantidas afastadas do treinamento físico e eram mais submissas que as de outras cidades gregas. ( )

10. Na sociedade ateniense, eupátridas eram:

a) Os "bem-nascidos", camada aristocrática que detinha os privilégios, constituída pelos grandes proprietários de terras. ( )

b) Os pequenos proprietários de terras, em regiões pouco férteis. ( )

c) Os trabalhadores assalariados. ( )

d) Os estrangeiros, geralmente dedicando-se às atividades comerciais e ao artesanato. ( )

11. Em Atenas, Drácon, Sólon e Clístenes foram:

a) Reis. ( )

b) Militares. ( )

c) Legisladores. ( )

d) Escravos. ( )

12. O apogeu de Atenas aconteceu quando vigorava o regime político:

a) Monarquia. ( )

b) Oligarquia. ( )

c) Tirania. ( )

d) Democracia. ( )

13. Uma pessoa considerada perigosa para o Estado ateniense poderia ser exilada da cidade por dez anos, de acordo com a lei:

a) Do Exílio. ( )

b) Do Ostracismo. ( )

c) Da Expulsão. ( )

d) Democrática. ( )

14. Coloque F para falso e V para verdadeiro.

a) A democracia ateniense estendia-se apenas aos que pertenciam à aristocracia. ( )

b) As mulheres atenienses, bem como jovens e escravos, não podiam participar da vida política da cidade. ( )

c) Por ser democrática, Atenas não mantinha a escravidão. ( )

d) Os cidadãos atenienses, isto é, os que tinham direitos políticos, eram a minoria. ( )

e) As mulheres atenienses eram mais livres que as nascidas em Esparta. ( )

15. Entende-se por Guerras Médicas:
a) O conflito entre gregos e persas. ( )

b) Uma revolta de médicos ocorrida em Atenas. ( )

c) Lutas entre Atenas e Esparta. ( )

d) Guerras de expansão grega pela Ásia Menor. ( )

16. Terminada a guerra contra os persas, formou-se na Grécia uma liga entre as várias cidades-estados, sob a liderança de Atenas. Estamos falando:

a) Da Liga do Peloponeso. ( )

b) Da Confederação de Delos. ( )

c) Da União Ateniense. ( )

d) Da Associação de Cidades Gregas. ( )

17. A principal consequência das Guerras do Peloponeso foi:

a) A vitória das cidades-estados gregas sobre os persas. ( )

b) A hegemonia de Atenas sobre as demais cidades-estados gregas. ( )

c) A derrota e destruição definitiva da cidade de Esparta. ( )

d) A decadência das cidades-estados, favorecendo as conquistas macedônicas. ( )

18. O grande Império Macedônico que se estendeu até a Índia foi comandado por um jovem rei chamado:

a) Clístenes. ( )

b) Heleno. ( )

c) Felipe II. ( )

d) Alexandre Magno. ( )

19. A fusão da cultura _____, levada pelos exércitos de Alexandre Magno, com a cultura _____ deu origem ao:

a) Helenismo. ( )

b) Classicismo. ( )

c) Sofismo. ( )

d) Pensamento socrático. ( )

20. Coloque **F** para falso e **V** para verdadeiro.

a) A religião dos gregos era humanista, muito diferente de todas as religiões da Ásia. ( )

b) Os gregos acreditavam em deuses que eram como homens, em semideuses e em heróis capazes de façanhas incríveis. ( )

c) O Monte Olimpo, para os gregos, era a morada dos deuses. ( )

d) O Minotauro, para os gregos, era o principal deus. ( )

21. Complete com o que se pede.

a) Fídias foi um _____.

b) Homero escreveu a _____ e a _____.

c) Safo foi uma _____.

d) *As rãs* e *As nuvens* são _____.

e) Hipócrates de Cós descobriu que   .

f) Sófocles escreveu   , uma tragédia grega.

22. Máxima criada por Sócrates, importante filósofo grego:

a) "Vim, vi e venci." (   )

b) "O homem é a medida de todas as coisas." (   )

c) "Só sei que nada sei." (   )

d) "Melhor um pássaro na mão do que dois voando." (   )

Anotações

10. Antiguidade Ocidental ou Clássica: Roma

Roma começou como uma pequena aldeia na região do Lácio, próximo à desembocadura do rio Tibre, na Península Itálica, e transformou-se na mais importante cidade do mundo antigo. Ao longo de 500 anos, conquistou muitos territórios e diferentes povos, convertendo-se na cabeça de um grande império.

Antes da fundação de Roma, a Península Itálica era habitada por vários povos, entre eles os **italiotas**, na região central, compreendendo várias tribos, como a dos **latinos** e a dos **sabinos**. Os **gauleses** localizavam-se ao norte, os **etruscos**, ao meio-norte e os **gregos**, ao sul.

ORIGEM LENDÁRIA DE ROMA

Há também muitas lendas sobre a origem de Roma. Segundo uma dessas lendas, os romanos descendem do herói troiano Eneias. Seus filhos fundaram a cidade de Alba Longa. Mais tarde, um deles, Amúlio, destronou seu irmão, que era rei dessa cidade, e ordenou que seus descendentes fossem mortos.

Poupou apenas uma sobrinha, Reia Sílvia, mas obrigou-a a se tornar uma vestal. Entretanto, Reia Sílvia quebrou o juramento de castidade e teve com o deus Marte dois filhos: Rômulo e Remo. Enraivecido, o tio ordenou que as crianças fossem colocadas em um cesto e atiradas no rio Tibre.

Estátua romana que representa a lenda da origem de Roma. Rômulo e Remo amamentados por uma loba.

O cesto parou em uma das margens do rio, perto do monte Palatino. Os meninos foram amamentados por uma loba, até que um pastor os encontrou e os criou.

Já adultos, Rômulo e Remo voltaram para Alba Longa, vingaram-se do tio e, às margens do rio Tibre, fundaram uma cidade no ano de 753 a.C. Em uma disputa, Rômulo matou Remo e se tornou o primeiro rei dessa cidade, a qual chamou de Roma.

1. Onde se localizava Roma?

2. Quais os povos que habitavam a Península Itálica antes da fundação de Roma?

Mas Roma era uma cidade só de homens. Como solucionar essa questão? Os romanos elaboraram um plano. Organizaram uma festa e convidaram os sabinos. Durante a festa, raptaram as mulheres sabinas e obrigaram-nas a se casar com eles. Esse episódio é conhecido como o **Rapto das Sabinas**.

3. Segundo a lenda, Roma foi fundada por _____ e _____, que tinham sido amamentados por uma _____.

4. Ainda segundo a lenda, _____ matou _____ e se tornou o primeiro _____ de Roma.

5. Para solucionar o problema de Roma ser uma cidade só de homens, os romanos roubaram as _____ dos sabinos. Esse episódio, segundo a lenda, é chamado de _____.

A ORIGEM HISTÓRICA DE ROMA
Pelas pesquisas históricas, sabe-se que a região do Lácio era habitada por povos pastores que, para se defender de possíveis invasões, se estabeleceram nas colinas próximas ao rio Tibre. Sentindo-se ameaçados pelos etruscos e gregos, os latinos se uniram sob a liderança de uma das aldeias: Roma.

Paulatinamente, Roma foi dominando todos os povos da península, unificando a Itália sob o seu poder. A partir daí, os romanos expandiram-se para fora da península. Gradativamente, formaram um imenso império, transformando o mar Mediterrâneo num verdadeiro "lago romano", como eles diziam, o *Mare Nostrum* (Nosso Mar).

Para essas conquistas, Roma contava com o maior e melhor exército da época. Além de realizar as conquistas, seus soldados guardavam as fronteiras e sufocavam possíveis rebeliões. As legiões romanas eram formadas por cidadãos romanos, e cada uma delas tinha 5 mil soldados, divididos em unidades menores, as centúrias.

Os romanos exploravam os povos vencidos, extraindo riquezas de seus territórios (ouro, prata e outros metais) ou fazendo comércio com eles. Formou-se um impressionante sistema de estradas, com mais de 85 mil quilômetros. O transporte e o comércio eram feitos também por mar.

6. De acordo com as pesquisas históricas, a região do Lácio era habitada por povos _____ que, ameaçados por _____ e _____, se uniram sob a liderança de _____.

7. Os romanos formaram um imenso império e transformaram o mar _____ num verdadeiro lago romano, a que chamavam de _____ (Nosso Mar).

8. Como os romanos resolveram a questão do transporte e das comunicações em seu vasto império?

9. Quais foram as formas de governo que os romanos conheceram?

10. Quais eram os órgãos políticos existentes na monarquia romana?

Ao longo de sua história, os romanos conheceram três formas de governo: a monarquia, a república e o império.

A MONARQUIA (753 a.C. A 509 a.C.)

A monarquia teve início com a fundação da cidade de Roma, e Rômulo foi o primeiro rei. Segundo a tradição, Roma teve sete reis. Eles eram escolhidos pela Assembleia Curial e tinham o poder limitado pelo Senado.

- **Assembleia Curial:** formada por cidadãos em idade militar que, além de escolherem os reis, faziam e votavam as leis.
- **Senado** ou **Conselho dos Anciãos:** um órgão consultivo que tinha o direito de aprovar ou não as leis elaboradas pelo rei.

ASPECTOS DA MONARQUIA ROMANA

A sociedade romana era formada pelos:

- **patrícios** – eram os aristocratas, os grandes proprietários de terras, os únicos que podiam ocupar cargos políticos, religiosos e militares;
- **plebeus** – homens livres, mas considerados estrangeiros; não tinham direitos políticos. Eram pequenos agricultores, pastores, comerciantes e artesãos. Alguns plebeus, para terem influência, colocavam-se sob a proteção de famílias patrícias, às quais deviam obediência: eram os **clientes**;
- **escravos** – em número reduzido, originados dos povos conquistados.

Na época da realeza, a base da economia era a agricultura. A indústria doméstica (como a de armas e utensílios) bastava para as necessidades mais imediatas e toda a sua produção era dirigida para o consumo local. Como havia pouco excedente, o comércio era reduzido.

Em 509 a.C., um choque entre o rei e a aristocracia provocou o fim da monarquia. O rei Tarquínio, o Soberbo, de origem etrusca, foi deposto por um golpe dado pelos patrícios, descontentes com a dominação estrangeira.

11. Coloque F para falso e V para verdadeiro.

a) Na sociedade romana, patrícios eram os aristocratas, os únicos a ocupar cargos políticos. ( )

b) Plebeus eram escravos, descendentes dos povos conquistados. ( )

c) Clientes eram plebeus que se colocavam sob a proteção de famílias patrícias. ( )

d) Os plebeus se dedicavam ao comércio, à agricultura, ao pastoreio e ao artesanato. ( )

e) No início da história romana, o número de escravos ultrapassava o de cidadãos. ( )

12. Na época da monarquia, a economia baseava-se:

a) Num comércio altamente desenvolvido. ( )

b) Na agricultura. ( )

c) Na importação de armas e utensílios domésticos. ( )

d) Exclusivamente no pastoreio. ( )

13. Como terminou o período da monarquia romana?

A REPÚBLICA (509 a.C. A 27 a.C.)
Com o golpe político, os patrícios instauraram na cidade de Roma o regime republicano.
O Poder Executivo era exercido pelos **magistrados**, eleitos por um ano. Dentre os diversos tipos de magistrados que existiam em Roma, destacam-se os seguintes:

- **cônsules** – em número de dois, comandavam o exército e eram os chefes dos demais magistrados. Em época de guerra, eram substituídos por um **ditador**, com mandato de seis meses;

- **pretores** – cuidavam da Justiça;
- **censores** – faziam o censo dos cidadãos, com base na riqueza deles;
- **questores** – encarregados das questões financeiras;
- **edis** – responsáveis pela preservação, pelo policiamento e pelo abastecimento das cidades.

O **Senado** era o órgão que detinha maior poder, composto de senadores vitalícios. Eram suas atribuições: elaborar as leis, cuidar das questões financeiras e religiosas, conduzir a política externa, administrar as províncias, participar da escolha do ditador.

As **Assembleias** eram em número de três:

- **Curial** – examinava os assuntos de ordem religiosa;
- **Tribal** – responsável pela nomeação dos questores e edis;
- **Centurial** – composta das centúrias, grupos de militares encarregados de votar as leis e eleger os magistrados.

14. Qual regime político os patrícios instauraram em Roma depois de derrubar o rei Tarquínio, o Soberbo?

15. Na república romana, o órgão político que detinha maior poder era o _____, com estas atribuições:

16. Quem eram os questores na república romana?

17. Quem eram os edis na república romana?

18. Quem eram os pretores na república romana?

19. O que faziam os censores na república romana?

20. Em época de guerra, a república romana passava a ser comandada por:

a) Dois cônsules. (   )

b) Chefes militares regionais. (   )

c) Um ditador. (   )

d) Pretores. (   )

AS LUTAS SOCIAIS NA REPÚBLICA ROMANA

Na época da república romana, a plebe passou a exigir direitos políticos, o que provocou uma série de conflitos. Estes tiveram início quando, em 490 a.C., os plebeus formaram um exército próprio, retiraram-se de Roma e foram para o Monte Sagrado (o Monte Aventino).

Os patrícios necessitavam dos plebeus nas atividades econômicas e militares e, por isso, cederam às suas exigências, aceitando que tivessem representantes no Senado – seriam os **tribunos da plebe**. Os tribunos podiam vetar leis que considerassem contrárias aos interesses plebeus.

Mais tarde, os plebeus conseguiram outros direitos. Foram elaboradas as **Leis das Doze Tábuas**, as primeiras leis comuns para patrícios e plebeus. Em 445 a.C., passou a ser permitido o casamento entre patrícios e plebeus e foi abolida a escravidão por dívidas.

Mas as lutas continuaram e, em 367 a.C., os plebeus conquistaram o direito de participar do consulado. A partir daí, passou a haver um cônsul patrício e outro plebeu. Em 287 a.C., a plebe, mais uma vez retirando-se para o Monte Sagrado, impôs aos patrícios que as leis aprovadas pela Assembleia da Plebe fossem válidas para todo o Estado romano – era o **plebiscito** ou decisão da plebe.

21. Por que ocorreram conflitos sociais na república romana?

22. Quais foram as principais conquistas da plebe ao longo da república romana?

23. Ao impor que as leis aprovadas por seus representantes fossem válidas para todo o Estado romano, os plebeus criaram um instrumento político que até hoje existe nas sociedades contemporâneas. Estamos falando:

a) De Assembleias. (   )

b) Do Senado. ( )

c) Do Plebiscito. ( )

d) Do Ostracismo. ( )

AS CONQUISTAS DA REPÚBLICA ROMANA

Durante o período republicano, Roma, com um exército bem treinado e bem armado, conquistou inúmeras regiões, formando um grande império. As conquistas iniciaram-se pela própria Península Itálica. Com suas legiões, os romanos, em aproximadamente 200 anos, dominaram os povos que viviam na região.

Para controlar o mar Mediterrâneo, os romanos tiveram de enfrentar Cartago, antiga colônia fenícia no norte da África. Os cartagineses haviam alcançado grande prosperidade, e seu comércio era feito com diversos lugares do mundo conhecido. As três guerras entre Roma e Cartago são conhecidas como **Guerras Púnicas** e duraram de 264 a.C. a 146 a.C. Nesse ano, os romanos tomaram Cartago, escravizaram cerca de 40 mil pessoas e transformaram a cidade em uma província romana.

Continuando com a política de conquistas, Roma conquistou a Macedônia e a Grécia. Em 133 a.C., a Península Ibérica foi dominada e, no século I a.C., os romanos tomaram a Bitínia, a Síria, o Egito e toda a Gália. Desse modo, o mar Mediterrâneo transformou-se no *Mare Nostrum*.

Roma reunia sob seu domínio povos de culturas diferentes. As regiões conquistadas foram transformadas em províncias e eram obrigadas a pagar altos tributos a Roma.

24. O que foram as Guerras Púnicas?

25. Quais as regiões conquistadas por Roma fora da Itália?

AS CONSEQUÊNCIAS DAS CONQUISTAS ROMANAS

O Império Romano durou cerca de 700 anos, mas a civilização romana sobreviveu muito mais. O **latim**, falado pelos romanos, foi a língua escrita de todos os europeus educados até o século XVI. Da mistura do latim vulgar, falado pelo povo, com a língua dos povos de várias regiões conquistadas, originaram-se as **línguas neolatinas**. As principais são o francês, o italiano, o espanhol, o romeno e o português. Muitas línguas europeias modernas, como o inglês, apesar de não terem se originado do latim, apresentam muitas palavras de origem latina.

As conquistas provocaram inúmeras transformações econômicas, políticas e sociais:

- enriquecimento dos patrícios, que se apossaram das terras dos pequenos proprietários, recrutados para o serviço militar;
- aumento do número de escravos. Os prisioneiros de guerra, reduzidos à situação de escravos, substituíram o trabalhador livre. Os desempregados do campo migraram para as cidades;
- formação de uma nova camada social, a dos **cavaleiros** ou classe **equestre**. Eram plebeus que enriqueceram cobrando impostos e fornecendo víveres ao exército e que obtiveram autorização de explorar novas terras, ricas em minérios;
- empobrecimento dos pequenos proprietários, pois muitos produtos das regiões dominadas chegavam a um preço muito baixo, competindo com a produção local.

26. Como surgiram as línguas neolatinas? Quais são as principais?

27. Coloque **F** para falso e **V** para verdadeiro.

a) Com as conquistas, a classe dos patrícios fortaleceu-se ainda mais, pois aumentaram suas propriedades. ( )

b) O escravismo, não mais necessário, diminuiu depois da expansão de Roma. ( )

c) As conquistas romanas beneficiaram os cobradores de impostos e os que forneciam víveres ao exército. ( )

d) Os pequenos proprietários empobreceram, porque sofreram a concorrência dos produtos vindos das províncias. ( )

e) Aumentou o número de trabalhadores livres, porque os povos conquistados iam para a Itália em busca de emprego. ( )

A CRISE DA REPÚBLICA

A república romana, após as conquistas, entrou em profunda crise, que marcou o seu declínio. Nesse período, destacam-se os seguintes acontecimentos: as reformas dos irmãos Graco, os governos de Mário e Sila e os triunviratos.

OS IRMÃOS GRACO

Os irmãos Tibério e Caio Graco, eleitos sucessivamente como tribunos da plebe, preocupados com os problemas sociais que se agravavam, propuseram reformas sociais:

- Tibério Graco, em 133 a.C., conseguiu a aprovação de uma lei que limitava o tamanho das terras dos aristocratas e autorizava a distribuição entre os pobres da área que ultrapassasse o limite estabelecido. Essa lei desagradou aos grandes proprietários de terras. Tibério e aproximadamente 500 de seus partidários foram assassinados.
- Caio Graco, em 123 a.C., retomou o projeto de reforma agrária. Conseguiu a aprovação de uma lei que aumentava a participação da plebe na administração do Estado. Também conseguiu que o preço do trigo fosse reduzido. Sofreu oposição dos grandes proprietários e suicidou-se. Seus seguidores foram perseguidos e muitos foram condenados à morte.

28. A crise da república romana foi marcada pelas _____ dos irmãos Graco, pelos governos de _____ e pelos _____.

29. Tibério e Caio Graco foram eleitos _____ e propuseram _____ em Roma. Sofreram oposição dos _____. Tibério foi _____ e Caio suicidou-se.

30. A lei proposta por Tibério Graco:

a) Estabelecia uma reforma agrária em Roma. ( )

b) Limitava o tamanho das terras dos aristocratas. ( )

c) Autorizava a distribuição entre os pobres da área que ultrapassasse o limite estabelecido para os patrícios. ( )

d) Todas as alternativas anteriores estão corretas. ( )

OS GOVERNOS DE MÁRIO E SILA

No período de 136 a 132 a.C., aproximadamente 200 mil escravos armaram-se e rebelaram-se. Muitos morreram, e a maioria foi submetida por seus proprietários. Com o aumento da instabilidade política, diversos militares passaram a disputar o poder. Nessa época, Roma ficou submetida aos governos militares e autoritários dos generais Mário e Sila.

- Mário defendia a camada popular. Diminuiu os privilégios da aristocracia e estabeleceu o pagamento de salários aos soldados, o que levou à entrada de pessoas pobres no exército.
- Sila substituiu Mário e defendia a camada aristocrática. Perseguiu a classe popular e restabeleceu os privilégios dos aristocratas.

31. Sobre os governos de Mário e Sila em Roma, é correto afirmar:

a) Ambos foram generais que, ao assumir o poder, defenderam a aristocracia. ( )

b) Mário defendia a camada popular e Sila era a favor dos aristocratas. ( )

c) Foram ditadores militares que, juntos, tomaram o poder em Roma. ( )

d) Foram tribunos da plebe que propuseram uma reforma agrária em Roma. ( )

32. Por que, no fim da república, diversos militares passaram a disputar o poder em Roma?

Com o objetivo de diminuir o poder do Senado, Pompeu aliou-se a Crasso e Júlio César, e os três tomaram o poder, instituindo o **Primeiro Triunvirato**. Pompeu ficou com Roma e o Ocidente, Crasso com o Oriente, e Júlio César era o responsável pela Gália.

Após a morte de Crasso, Pompeu deu um golpe de Estado, conseguindo do Senado sua nomeação para o cargo de cônsul único. César, que estava na Gália, voltou para Roma, com o objetivo de enfrentar Pompeu. Após sua vitória, César foi aclamado ditador vitalício.

33. O Primeiro Triunvirato romano era formado por: _____, que ficou com Roma e o Ocidente, _____, que passou a governar o Oriente, e _____, que ficou responsável pela _____.

34. _____ deu um golpe de Estado e se tornou _____ único. César retornou da Gália, derrotou _____ e tornou-se _____ vitalício.

O PRIMEIRO TRIUNVIRATO

Após a morte de Sila, dois generais, Crasso e Pompeu, foram eleitos cônsules. Crasso havia enfrentado e vencido uma revolta de 80 mil escravos liderada por **Espártaco**, e Pompeu tinha derrotado os partidários de Mário na Península Ibérica.

O GOVERNO DE JÚLIO CÉSAR

O governo de Júlio César caracterizou-se pela tentativa de reduzir o poder do Senado. Júlio César instituiu várias reformas: diminuição dos abusos na arrecadação de impostos, extensão do direito de cidadania a vários povos, construção de estradas e reformulação do calendário (adotou o seu nome para o sétimo mês do ano).

O Senado, contrariado com seus poderes, armou uma conspiração e, em 44 a.C., Júlio César foi assassinado.

35. Coloque F para falso e V para verdadeiro.

a) Júlio César, como ditador vitalício da república romana, tentou reduzir o poder do Senado. ( )

b) César reformulou o calendário, criando o mês de julho. ( )

c) O governo de Júlio César terminou com um golpe de Estado que o obrigou a deixar a Itália. ( )

d) O governo de Júlio César encerrou-se com o seu assassinato. ( )

O SEGUNDO TRIUNVIRATO

Os partidários de César organizaram um novo governo forte, o **Segundo Triunvirato**, formado por Otávio, Marco Antônio e Lépido. Os triúnviros dividiram entre si a administração do império: Otávio ficou com Roma e o Ocidente, Marco Antônio recebeu o Oriente, e Lépido ficou com a África, porém foi deposto em 36 a.C.

Nesse mesmo ano, Marco Antônio foi para o Egito e envolveu-se com a rainha Cleópatra. Otávio declarou Marco Antônio inimigo de Roma e partiu para o Oriente, a fim de combatê-lo. Otávio saiu vitorioso, e Marco Antônio e Cleópatra suicidaram-se.

Otávio assumiu o poder. Recebeu do Senado vários títulos, entre eles os de imperador, César e Augusto. Iniciava-se, assim, o Império.

36. Como teve início o Império Romano?

37. Sobre o Segundo Triunvirato romano, é correto afirmar:

a) Foi formado por Otávio, Marco Antônio e Lépido. ( )

b) Otávio governava Roma, enquanto Marco Antônio ficou com o Oriente, e Lépido, com a África. ( )

c) Otávio combateu Marco Antônio, que havia se aliado a Cleópatra, rainha do Egito. ( )

d) Todas as alternativas anteriores estão corretas. ( )

O IMPÉRIO (27 a.C. A 476 d.C.)

O imperador detinha poderes absolutos. Exercia o comando do exército e legislava por meio de editos, decretos e mandatos. Ao Senado restou a posição de conselheiro do imperador.

Otávio, o primeiro imperador, governou de 27 a.C. a 14 d.C. Em seu governo:

- foi criada a Guarda Pretoriana, com a função de proteger o imperador e a capital;
- foi dado incentivo à agricultura, ao comércio e à indústria;
- foi organizado um novo sistema de impostos;
- foram construídas várias obras públicas, o que criou muitos empregos para os plebeus.

A paz, a prosperidade e as realizações artísticas marcaram o governo de Otávio Augusto. O século I, do qual fez parte o seu governo, ficou conhecido como o **Século de Ouro da Literatura Latina**, ou o **Século de Augusto**. Seu ministro, Mecenas, tinha grande interesse pelas artes e apoiou, entre outros, os escritores Horácio e Virgílio.

No governo de Otávio, nasceu na Palestina, uma das províncias romanas, Jesus Cristo, cujos ensinamentos mais tarde começaram a ser difundidos em várias partes do Império, dando origem ao **cristianismo**.

Para ganhar popularidade, Otávio adotou a **política do pão e circo**. Distribuía trigo para a população pobre e organizava espetáculos públicos de circo para diverti-la.

---

38. Na fase do Império Romano, o imperador detinha o comando do _____ e legislava por meio de _____, _____ e _____. O _____ enfraqueceu, restando-lhe apenas a posição de conselheiro do imperador.

39. Cite quatro medidas tomadas por Otávio, o primeiro imperador romano.

40. O que se entende por política de pão e circo?

41. Associe corretamente.

a) Dinastia Júlio-Claudiana
b) Dinastia dos Flávios
c) Dinastia dos Antoninos
d) Dinastia dos Severos

( ) Fase de declínio do Império Romano.

( ) Período de grande perseguição aos cristãos, destacando-se o imperador Nero.

( ) Apogeu do Império Romano, com grande prosperidade econômica.

( ) Imperadores que submeteram o Senado e governaram de modo despótico.

OS SUCESSORES DE OTÁVIO

Após o governo de Otávio, o Império Romano foi governado por várias dinastias que, em geral, levaram-no à instabilidade política, econômica e social.

- **Dinastia Júlio-Claudiana** (14-68) – período marcado por conflitos sangrentos. O imperador Nero foi responsável por incendiar Roma e pela perseguição aos cristãos.
- **Dinastia dos Flávios** (69-96) – os imperadores dessa dinastia contaram com o apoio do exército, submeteram o Senado e governaram de forma despótica.
- **Dinastia dos Antoninos** (96-192) – período considerado de apogeu. O império atingiu sua maior extensão territorial, acompanhada de prosperidade econômica. O comércio se desenvolveu e houve grande afluxo de capitais para Roma.
- **Dinastia dos Severos** (193-235) – houve crises internas, fuga da população urbana para o campo, falta de dinheiro, inflação e pressão dos povos bárbaros nas fronteiras. O processo de instabilidade levou ao declínio do Império.

A CRISE DO IMPÉRIO ROMANO

A partir do século III, o Império Romano foi marcado por inúmeras crises, dentre as quais se destacam a anarquia militar e as crises no campo e na cidade.

- **Anarquia militar** – foi provocada em razão da disputa pelo poder entre os chefes militares, fortalecidos pelas guerras de conquista. Eram frequentes os golpes políticos e os assassinatos de imperadores.

- **Crise no campo** – com o fim das conquistas, houve a interrupção do abastecimento de escravos para as atividades econômicas. Essa falta de escravos, associada às epidemias e às guerras civis, contribuiu para a escassez de mão de obra, principalmente no campo. A produção caiu e os preços dos produtos subiram.

- **Crise na cidade** – foi uma extensão da crise no campo. Passou a haver dificuldade para conseguir matérias-primas, o que prejudicou a indústria artesanal. O comércio também foi abalado. As cidades começaram a deixar de ser um centro comercial e industrial.

Apesar da crise, era mais fácil sobreviver no campo. Os grandes proprietários rurais começaram a arrendar lotes de terra aos camponeses. Com isso, conseguiam garantir a produção, além de prendê-los à terra. Em troca da proteção garantida pelos proprietários, os camponeses trabalhavam e ficavam com uma parte da produção.

O Estado acabou transformando a permanência do camponês à terra em uma instituição, chamada **colonato**, com o objetivo de garantir a produção agrícola. Mas, como eram os proprietários que controlavam a produção, ela acabou ganhando força e, com o tempo, tornou-se maior do que a do próprio Estado.

Tentando salvar o Império Romano da crise generalizada e melhorar a administração, em 284, o imperador Diocleciano criou a **Tetrarquia**. O Império foi dividido em quatro partes, cada uma com um administrador. Contudo, a Tetrarquia não sobreviveu ao seu criador. Com a morte de Diocleciano, seus generais passaram a disputar o poder.

Em 313, assumiu o poder o general **Constantino**, que restabeleceu a unidade imperial. Contou com o apoio dos cristãos, já em número bastante grande. No mesmo ano, esse imperador assinou o **Edito de Milão**, concedendo liberdade de culto aos cristãos.

Constantino percebeu que, em sua maioria, as rendas do Império vinham do Oriente. Reconstruiu a cidade de Bizâncio, antiga colônia grega às margens do estreito de Bósforo, no mar Negro, denominando-a **Constantinopla**, e em 330 transferiu para lá a capital. A mudança da sede administrativa colaborou ainda mais para a decadência da parte ocidental do Império.

42. Por que os preços dos produtos agrícolas subiram no fim do Império Romano?

43. Constantino governou com o apoio dos _____, a quem concedeu liberdade de culto, por meio do _____.

44. Em 330, a cidade de _____, antiga colônia grega no mar Negro, tornou-se a capital do Império Romano e passou a se chamar _____.

rei dos hérulos. O Império Romano do Ocidente, ruralizado, fragmentado política e economicamente, não existia mais.

45. Como foi dividido o Império Romano e quais as suas capitais?

A DIVISÃO DO IMPÉRIO

Ainda no século IV, os romanos assistiram às primeiras levas de bárbaros cruzarem as fronteiras do Império à procura de terras para o cultivo e o pastoreio.

Em 395, Teodósio, preocupado em melhorar a administração em seu governo, dividiu o império entre seus dois filhos:

- o **Império Romano do Ocidente**, com capital em Roma;
- o **Império Romano do Oriente**, com capital em Constantinopla.

A DECADÊNCIA DEFINITIVA

O século V marcou a decadência definitiva da parte ocidental do Império Romano. Entre os fatores que provocaram a queda, podem ser citados: deterioração da economia, lutas internas, fuga de capitais para o Oriente, corrupção dos costumes e invasões dos bárbaros.

Finalmente, em 476, quando era imperador Rômulo Augústulo, a cidade de Roma caiu nas mãos de Odoacro,

46. O Império Romano do Ocidente foi dominado completamente pelos bárbaros em _____. A cidade de Roma foi conquistada por _____, rei dos _____.

O CRISTIANISMO

Para os romanos, como para os gregos, os deuses eram protetores da família e da cidade. Nas casas, havia um altar com imagens dos protetores da família, onde eram realizados os cultos.

Nos templos, havia sacerdotes e sacerdotisas, e os romanos cultuavam diversas divindades herdadas dos gregos com outros nomes: Júpiter, Vênus, Diana, Baco, Minerva, Netuno, entre outros. Com a criação do império, houve uma proliferação de novos cultos religiosos.

Logo após o estabelecimento do Império Romano, surgiu uma nova religião: o **cristianismo**. Foi pregada por Jesus, que nasceu na cidade de Belém, na Judeia, região dominada pelos romanos. Sua vida e sua doutrina chegaram ao nosso conhecimento por meio dos Evangelhos.

Jesus pregava a humildade, a caridade, o amor fraterno e anunciava o juízo final e a vida eterna. Ele não foi aceito pelos judeus como o Messias, porque esse povo esperava um salvador que enfrentasse o poder romano.

Jesus foi perseguido pelos romanos e, após ser preso, ordenaram sua crucificação. Depois de sua morte, sua doutrina espalhou-se rapidamente pelo Império Romano.

47. Como se caracterizava a religião dos romanos?

48. Como nasceu o cristianismo?

49. Como ficamos conhecendo a vida de Jesus Cristo e sua doutrina?

O cristianismo foi difundido pelos apóstolos, discípulos de Jesus, e chegou até Roma. Um dos principais pregadores foi Paulo de Tarso, um perseguidor de cristãos que havia se convertido ao cristianismo.

Inicialmente, a nova religião ganhou adeptos entre as pessoas mais humildes. Mas, com a crise do Império, espalhou-se, porque era uma nova esperança para muitas pessoas. Os fiéis de cada comunidade, a igreja, se reuniam para a celebração do culto.

Os cristãos foram muito perseguidos pelo Estado romano, porque se negavam a aceitar os deuses oficiais. Além disso, o cristianismo pregava a igualdade entre os homens, atraindo as camadas mais humildes da sociedade romana.

Apesar das crueldades a que foram submetidos – jogados às feras, queimados vivos, crucificados –, os cristãos continuavam se reunindo em lugares ocultos, as **catacumbas**.

Em 313, Constantino assinou o Edito de Milão, permitindo aos cristãos a liberdade de culto. No fim do século IV, o imperador Teodósio converteu o cristianismo em religião oficial do Império.

Com a liberdade adquirida após a sua oficialização, essa nova religião teve mais condições de se propagar.

50. Por que os cristãos eram perseguidos pelo Estado romano?

O DIREITO, AS ARTES E AS CIÊNCIAS

O Direito foi um dos legados mais importantes que Roma deixou para as civilizações posteriores. Sua influência chega até os dias atuais.

O Direito Romano é resultado de uma lenta evolução. A igualdade civil conseguida entre as duas camadas sociais, a dos patrícios e a dos plebeus, possibilitou o aprimoramento do *jus civili* romano. Por outro lado, a conquista de outros povos exigiu um tratamento especial para eles, daí o advento do *jus gentium*. É de suma importância, no Direito Romano, a introdução aos princípios do **direito natural**, comum a todas as pessoas.

Desde os primeiros anos de sua história, Roma recebeu forte influência da cultura grega, por intermédio das cidades da Magna Grécia. Após sua expansão pelo Mediterrâneo Oriental, essa influência intensificou-se, na medida em que os romanos entraram em contato direto com as fontes da cultura helenística.

Outro aspecto importante a ser destacado é o papel dos romanos como transmissores da cultura grega para outras partes do mundo.

Na literatura, destacaram-se Cícero, o maior orador romano; os poetas Horácio, Ovídio e Virgílio; e o historiador Tito Lívio, autor de *História de Roma*.

A arquitetura foi a arte mais desenvolvida, marcada pela grandiosidade das construções: muralhas, estradas, teatros, anfiteatros, templos, aquedutos, termas etc.

51. O legado mais importante dos romanos para as civilizações posteriores foi o _____.

52. A cultura romana recebeu forte influência da cultura _____.

53. Cite alguns poetas romanos.

54. Quem escreveu a obra *História de Roma*?

55. Em que se destaca a arquitetura romana?

Revisão

1. Complete com os povos que habitavam a Península Itálica antes da fundação de Roma:

    a) Região Norte:

    b) Região do Meio-Norte:

    c) Região Central:

    d) Região Sul:

2. Sobre a origem de Roma, existe uma explicação _____, que atribui a fundação da cidade aos irmãos _____ e _____. No entanto, as pesquisas mostram que Roma surgiu quando povos _____ estabeleceram-se nas colinas próximas ao rio _____.

3. Ao longo de sua história, os romanos conheceram as formas de governo:

    a) Monarquia e república. ( )

    b) República e império. ( )

    c) Apenas império. ( )

    d) Monarquia, república e império. ( )

4. Como se organizava a sociedade romana na época da monarquia?

5. A monarquia romana foi derrubada por uma classe social que instalou a república. Essa classe social era formada pelos:

    a) Escravos. ( )
    b) Plebeus. ( )
    c) Patrícios. ( )
    d) Cavaleiros. ( )

6. Na república romana, o órgão político que tinha maior poder era:

a) O Senado. ( )

b) O Consulado. ( )

c) A Assembleia Centurial. ( )

d) A Assembleia da Plebe. ( )

7. Associe corretamente.

a) Questores
b) Edis
c) Pretores
d) Censores
e) Cônsules
f) Ditador

( ) Faziam o censo dos cidadãos, com base na riqueza deles.

( ) Eram dois e chefiavam os magistrados.

( ) Eram os encarregados das questões financeiras.

( ) Eram os que cuidavam da Justiça.

( ) Eram os responsáveis pela preservação, pelo policiamento e pelo abastecimento das cidades.

( ) Governava Roma em época de guerra.

8. As Guerras Púnicas foram as guerras travadas entre Roma e:

a) Egito. ( )
b) Império Persa. ( )
c) Gália. ( )
d) Cartago. ( )

9. Uma série de conflitos sociais entre patrícios e plebeus marcou a república romana. A plebe conseguiu importantes vitórias, dentre as quais se destaca:

a) Direito de representação no Senado, com os tribunos da plebe. ( )

b) Liberdade de culto para a prática do cristianismo. ( )

c) Proibição de escravizar os plebeus. ( )

d) Possibilidade de os plebeus se tornarem imperadores. ( )

10. Sobre a expansão romana ocorrida no período republicano, é correto afirmar que:

a) A classe dos patrícios perdeu seu poder político e deixou de existir. ( )

b) O escravismo, não mais necessário, diminuiu. ( )

c) Os cobradores de impostos e os que forneciam víveres ao exército formaram uma nova classe, a de cavaleiros ou equestres. ( )

d) Os pequenos proprietários enriqueceram porque podiam vender seus produtos às províncias. ( )

11. Foram tribunos da plebe e propuseram reformas sociais em Roma:

a) Tibério e Caio Graco. ( )

b) Mário e Sila. ( )

c) Crasso e Pompeu. ( )

d) Júlio César e Otávio. ( )

12. O fim da república romana foi marcado por:

a) Disputa entre militares pelo poder em Roma. ( )

b) Instabilidade política. ( )

c) Rebeliões de escravos. ( )

d) Todas as alternativas anteriores estão corretas. ( )

13. Coloque **F** para falso e **V** para verdadeiro.

a) O Primeiro Triunvirato romano era formado por Pompeu, Crasso e Júlio César. ( )

b) Pompeu deu um golpe de Estado e se tornou cônsul único. ( )

c) César retornou da Gália, derrotou Pompeu e tornou-se ditador vitalício. ( )

d) O governo de Júlio César caracterizou-se pela tentativa de reduzir o poder do Senado. ( )

e) Em 44 a.C., Júlio César foi assassinado em razão de uma conspiração do Senado. ( )

14. Quem integrava o Segundo Triunvirato romano e quais as regiões que cada um governava?

15. Como terminou o Segundo Triunvirato romano?

16. A distribuição de trigo para a população pobre e a organização de espetáculos públicos para diverti-la constituíam medidas da chamada:

a) Política populista. ( )

b) Política de caridade. ( )

c) Política do pão e circo. ( )

d) Política benemérita. ( )

17. O primeiro imperador do Império Romano foi _____. Depois dele, governaram as dinastias _____, dos _____, dos _____ e dos _____.

18. Em 395, o imperador _____, preocupado em melhorar a administração, dividiu o Império entre seus dois filhos. Surgiram assim: o _____, com capital em Roma, e o _____, com capital em Constantinopla.

19. O que pregava Jesus Cristo? O que aconteceu com ele?

20. A grande contribuição dos romanos para o mundo ocidental de hoje foi:

a) A religião. ( )
b) O calendário. ( )
c) O Direito. ( )
d) A forma de governo imperialista. ( )

Anotações

11. Os reinos bárbaros

Do outro lado dos rios Reno e Danúbio, na Germânia, viviam vários povos (álamos, suevos, vândalos, visigodos, ostrogodos, francos, anglos, saxões etc.), genericamente conhecidos como **germanos**.

A partir do século III, os germanos começaram a transpor as fronteiras romanas. Essa penetração nem sempre era pacífica. Por vezes, grupos guerreiros conseguiam vencer os exércitos de Roma e ocupavam territórios do Império.

No século V, entretanto, movidos pela necessidade de terras férteis e temendo o avanço dos terríveis hunos, os germanos promoveram uma maciça invasão no já enfraquecido Império Romano, devastando cidades e campos.

Bárbaros era a denominação que os romanos davam àqueles que viviam fora das fronteiras do Império e não falavam o latim.

As migrações e as invasões dos povos bárbaros e a fixação de alguns deles dentro do Império Romano do Ocidente acabaram por destruí-lo em 476. Além dos bárbaros germanos, merecem destaque nesse processo:

- os **eslavos** – provenientes da Europa oriental e da Ásia, compreendiam os russos, tchecos, poloneses, sérvios, entre outros;
- os **tártaro-mongóis** – eram de origem asiática. Faziam parte desse grupo as tribos dos hunos, turcos, búlgaros etc.

1. Onde viviam os germanos?

2. Quais os povos que compunham os chamados germanos?

3. Qual o motivo da invasão maciça do Império Romano pelos germanos, no século V?

4. Qual foi a consequência das invasões dos germanos para o Império Romano do Ocidente?

5. Além dos germanos, destacaram-se os povos provenientes da _____ e da _____, como os _____ e os _____.

6. Por que esses povos invasores eram chamados de "bárbaros"?

A FORMAÇÃO DOS REINOS BÁRBAROS

Os povos germanos espalharam-se pelo território do Império Romano do Ocidente e lentamente foram se fixando e dominando vastas áreas. Acabaram por formar reinos.

Os mais significativos foram:

- **Reino dos visigodos** – situado na Península Ibérica, era o mais antigo e extenso. Os visigodos ocupavam estrategicamente a ligação entre o mar Mediterrâneo e o oceano Atlântico;
- **Reino dos ostrogodos** – localizava-se na Península Itálica. Os ostrogodos se esforçaram para salvaguardar o patrimônio artístico-cultural de Roma. Restauraram vários monumentos para manter viva a memória romana. Mantiveram a organização político-administrativa imperial, o Senado, os funcionários públicos romanos e os militares godos;
- **Reino dos vândalos** – o povo vândalo atravessou a Europa e fixou-se no norte da África. Nesse reino, houve perseguição aos cristãos, e o resultado foi sua migração em massa para outros reinos, o que provocou a falta de trabalhadores e a diminuição da produção;
- **Reino dos suevos** – surgiu a oeste da Península Ibérica. Os suevos viviam da pesca e da agricultura. No fim do século VI, o reino foi absorvido pelos visigodos, que passaram a dominar toda a Península;
- **Reino dos borgúndios** – os borgúndios migraram da Escandinávia, dominaram o vale desde o Ródano até Avinhão, onde fundaram o seu reino. Em meados do século VI, foram dominados pelos francos;
- **Reino dos anglo-saxões** – surgiu em 571, quando os saxões venceram os bretões e consolidaram-se na região da Bretanha.

Dos reinos fundados pelos germanos, alguns perduraram, outros desapareceram. Os ostrogodos e vândalos acabaram vencidos, no século V, por Justiniano, imperador bizantino; os visigodos foram dominados pelos árabes muçulmanos, no século VIII, e os anglo-saxões, pelos normandos; apenas os francos conseguiram formar um reino poderoso.

---

7. Associe corretamente.

a) Visigodos

b) Ostrogodos

c) Vândalos

d) Suevos

e) Borgúndios

f) Anglo-saxões

(   ) Região da Bretanha.

(   ) Oeste da Península Ibérica.

(   ) Norte da África.

(   ) Vale do Ródano.

(   ) Dominaram a ligação entre Mediterrâneo e Atlântico, na Península Ibérica.

(   ) Península Itálica.

8. O que aconteceu com os reinos germanos fundados na Europa?

Os bárbaros germanos assimilaram muitos traços da cultura romana, como se pode observar na organização de seus reinos e na adoção do latim como língua oficial.

Na política, era necessário o estabelecimento de um governo estável e estruturado. Adotaram a monarquia, inicialmente eletiva e depois hereditária. Os chefes germanos, copiando os romanos, criaram códigos de leis, e seus conselheiros eram requisitados entre os romanos mais cultos e experientes.

Na economia, as migrações e invasões germanas haviam precipitado a decadência econômica e a ruralização da Europa ocidental. O mar Mediterrâneo continuava sendo a via de comunicação com o Império Bizantino, que monopolizava o artesanato e o comércio.

Os reinos germânicos, porém, tinham dificuldades de reativar o comércio. Os metais preciosos eram cada vez mais escassos. A agricultura e a criação se converteram nas atividades básicas da economia, e a terra, em sua única fonte de riqueza. As pessoas abandonavam as já decadentes cidades para buscar sustento no campo, e as relações comerciais diminuíam progressivamente. As grandes propriedades rurais procuravam se autoabastecer, produzindo tudo de que necessitavam.

Os novos reinos converteram-se progressivamente ao catolicismo e aceitaram a autoridade da Igreja Católica. Com a ruptura da antiga unidade romana, a Igreja tornou-se a única instituição universal europeia.

Essa situação lhe deu uma posição privilegiada durante o período medieval europeu.

9. Coloque F para falso e V para verdadeiro.

a) Com a invasão dos bárbaros, a cultura romana foi totalmente destruída. (   )

b) Os povos bárbaros assimilaram a cultura romana, passando até mesmo a adotar o latim como língua oficial. (   )

c) Na economia, as invasões bárbaras provocaram a decadência do comércio e a ruralização da Europa ocidental. (   )

d) Os povos bárbaros tornaram-se cristãos e aceitaram a autoridade da Igreja Católica. (   )

OS FRANCOS

O reino dos francos foi o único que teve longa duração. Os francos vinham invadindo o Império Romano desde o século II e, nesse processo, ocuparam uma pequena região da Gália.

A primeira dinastia franca foi a merovíngia, nome derivado de Meroveu, um antigo chefe. No entanto, foi seu neto Clóvis quem conquistou a Gália e unificou, sob o seu domínio, vários povos bárbaros e um vasto território.

Em 496, Clóvis converteu-se ao cristianismo, obtendo o apoio da Igreja Católica e de grande parte da população, que era cristã. Estabeleceu-se, assim, uma aliança entre a monarquia franca e a Igreja. Essa aliança era vantajosa para ambas. Para os soberanos francos, significava o fortalecimento do seu poder e, para a Igreja, aumentava o número de adeptos e possibilitava a libertação do controle dos imperadores bizantinos.

No governo de Clóvis, houve a expansão territorial do reino, por meio de guerras de conquista.

Os sucessores de Clóvis foram reis que souberam administrar seus territórios. Entretanto, a partir do século VII, os francos foram governados por monarcas pouco expressivos, que eram chamados **reis indolentes**. O poder político passou a ser exercido por funcionários do governo, denominados **prefeitos do palácio**, cargo correspondente ao de ministro do rei. Dentre outros, destacou-se Carlos Martel (714-741), que impediu o avanço dos árabes sobre a Gália na Batalha de Poitiers, em 732.

10. O único reino bárbaro que teve longa duração foi o dos _____, que tinham ocupado uma região da _____.

11. A primeira dinastia franca foi a _____, nome derivado de _____, um antigo chefe.

12. Quem foi e o que fez Clóvis?

13. A partir do século VII, os francos passaram a ser governados por reis inexpressivos, chamados "_____". Quem verdadeiramente exercia o poder político nessa época eram os "_____".

14. Quem foi e o que fez Carlos Martel?

O IMPÉRIO CAROLÍNGIO

Com a morte de Carlos Martel, assumiu o cargo de prefeito do palácio seu filho Pepino, o Breve, que obteve o apoio da Igreja à sua pretensão de aclamar-se rei. Depôs o último rei merovíngio, iniciando uma nova dinastia, a carolíngia. Auxiliou o papa em sua luta contra os lombardos no norte da Itália e, após vencê-los, doou ao papado todas as terras conquistadas, que passaram a ser conhecidas como **Patrimônio de São Pedro,** origem do atual **Estado do Vaticano.**

Com a morte de Pepino, o Breve, assumiu o poder seu filho Carlos Magno, que contou com o apoio da Igreja e teve seu governo, de quase meio século, marcado por inúmeras realizações. Empreendeu guerras de conquista, dando origem ao Império Carolíngio. A Igreja reconheceu a existência de um novo Império do Ocidente. No ano de 800, na Basílica de São Pedro, Carlos Magno foi coroado pelo papa Leão III.

O Império Carolíngio compreendia as regiões que são os atuais territórios da França, Bélgica, Luxemburgo, Holanda, Alemanha, parte da Península Ibérica, Áustria, Sérvia, Montenegro, Suíça e Itália.

15. Como surgiu a dinastia carolíngia no Reino Franco?

16. O que era o Patrimônio de São Pedro?

> Para regular as atividades de seus súditos, expediu inúmeras leis – as **capitulares** – e, para certificar-se de que fossem bem executadas, mandava emissários – os *missi dominici* – percorrer as províncias.
>
> No aspecto cultural, o imperador fundou várias escolas, nas quais se estudavam gramática, retórica, ortografia e música. Também mandou construir importantes monumentos religiosos, como a Igreja de São Vital, em Ravena. As artes se destacaram tanto que se costuma falar num Renascimento Carolíngio.

17. Quais as regiões compreendidas pelo Império Carolíngio na época de Carlos Magno?

18. Como Carlos Magno organizou a administração de seu império?

> Carlos Magno organizou a administração, dividindo o Império em:
> - **condados**: territórios do interior, governados por condes;
> - **ducados**: territórios das fronteiras, governados por duques;
> - **marcas**: territórios mais vulneráveis das fronteiras, governados por marqueses.

19. Quem eram os *missi dominici* no Império Carolíngio?

20. Por que se fala, no campo cultural, de um Renascimento Carolíngio?

A FRAGMENTAÇÃO DO IMPÉRIO CAROLÍNGIO

Carlos Magno morreu em 814 e foi sucedido pelo filho Luís, o Piedoso, que ainda manteve a unidade imperial. No entanto, com a morte deste, em 840, iniciou-se uma luta entre seus três filhos. Essa disputa pela coroa imperial terminou em 843, com a assinatura do **Tratado de Verdun**, que dividia entre os três o Império Carolíngio:

- Carlos, o Calvo, ficou com a área mais ocidental, a **França Ocidental**, que mais tarde chamou-se Reino da França;
- Luís, o Germânico, ficou com a **França Oriental**, onde habitava uma população de tradição e língua germânicas;
- Lotário tomou o poder na Lotaríngia, uma extensa faixa de terra entre o mar do Norte e a Calábria. Nesse espaço, estavam duas importantes cidades: Aix-la--Chapelle e Roma.

---

21. Com a morte de Carlos Magno e de seu filho Luís, o Piedoso, o Império Carolíngio:

a) Manteve-se unido por mais dois séculos. ( )

b) Foi incorporado pela Igreja Católica. ( )

c) Foi dividido entre os herdeiros de Luís. ( )

d) Foi vendido, pelo Tratado de Verdun. ( )

Revisão

1. Dentre os povos bárbaros que invadiram o Império Romano do Ocidente, destacaram-se os:

a) Tártaros. ( )

b) Mongóis. ( )

c) Eslavos. ( )

d) Germanos. ( )

2. Os povos que invadiram o Império Romano do Ocidente eram chamados de bárbaros, que, para os romanos, significava:

a) Cruéis. (   )
b) Estrangeiros. (   )
c) Germanos. (   )
d) Pessoas sem cultura. (   )

3. A invasão do Império Romano pelos bárbaros no século V foi motivada por:

a) Necessidade de terras férteis. (   )

b) Temor do avanço dos hunos. (   )

c) Enfraquecimento do Império Romano. (   )

d) Todas as alternativas anteriores estão corretas. (   )

4. Complete com o que se pede:

a) Os povos bárbaros assimilaram a cultura romana, passando até mesmo a adotar o _____ como língua oficial.

b) Na economia, as invasões bárbaras provocaram a _____ da Europa ocidental.

c) As grandes propriedades rurais tornaram-se _____, produzindo tudo de que seus habitantes necessitavam.

d) Os povos bárbaros tornaram-se cristãos e aceitaram a autoridade da _____.

5. O rei franco que unificou a Gália e converteu-se ao cristianismo foi:

a) Meroveu. (   )
b) Carlos Martel. (   )
c) Clóvis. (   )
d) Carlos Magno. (   )

6. O Patrimônio de São Pedro foram terras doadas para:

a) Carlos Martel. (   )
b) A Igreja Católica. (   )
c) Os árabes. (   )
d) Pepino, o Breve. (   )

7. Carlos Magno tornou-se imperador das regiões que atualmente correspondem aos territórios da _____, _____, _____, _____,

_____ , _____ , _____ , _____ , _____ e _____ . Para administrar esse vasto império, ele o dividiu em _____ , _____ e _____ .

8. No aspecto cultural, Carlos Magno fundou várias escolas, nas quais se estudavam _____ .

9. No governo de Carlos Magno, eram enviados do rei às províncias e deviam certificar-se de que as leis estavam sendo cumpridas. Estamos falando dos:

a) Prefeitos do palácio. ( )
b) Encarregados de capitulares. ( )
c) *Missi dominici*. ( )
d) Funcionários reais. ( )

10. O Tratado de Verdun, assinado em 843, decidiu:

a) A doação de territórios carolíngios para a Igreja. ( )

b) A guerra contra os árabes. ( )

c) A divisão do Império Carolíngio. ( )

d) A coroação de Carlos Magno como imperador do Império do Ocidente. ( )

Anotações

12. O Império Bizantino

O Império Romano do Oriente formou-se da divisão feita pelo imperador romano Teodósio em 395. É conhecido pelo nome de **Império Bizantino**, porque sua capital, Constantinopla, havia sido uma antiga colônia grega, Bizâncio.

Ao contrário da porção ocidental, o Império Bizantino resistiu aos ataques dos bárbaros, sobrevivendo até 1453, quando caiu sob o domínio dos turco-otomanos.

Pouco a pouco, os bizantinos voltaram às suas raízes gregas, inclusive o grego converteu-se na língua do Estado. Entretanto, a religião dominante era a cristã.

Pode-se afirmar que o helenismo e o cristianismo foram as bases da cultura bizantina.

À frente do Estado estava o imperador ou basileus, que tinha poder absoluto graças ao exército e a uma burocracia bem organizada. Era ao mesmo tempo chefe político e religioso. Seu poder era consagrado pela Igreja por meio da coroação feita pelo patriarca de Constantinopla. A submissão da Igreja ao Estado denomina-se **cesaropapismo**.

1. Por que o Império Romano do Oriente é também chamado de Império Bizantino?

2. O Império Bizantino formou-se:

a) Com a divisão do Império Romano feita por Teodósio em 395. ( )

b) Com a invasão dos gregos a Constantinopla. ( )

c) Com a conquista dos povos bárbaros, que dominaram Bizâncio. ( )

d) Todas as alternativas anteriores estão corretas. ( )

3. O Império Romano do Oriente durou:

a) Até 395, quando foi dividido em duas partes. ( )

b) Até 476, quando foi conquistado pelos bárbaros. ( )

c) Até 1453, quando foi dominado pelos turco-otomanos. ( )

d) Até o século XX, quando foi desmembrado em países independentes. ( )

4. Quais foram as bases da cultura bizantina?

5. O título de basileus era dado:

   a) Ao imperador dos bárbaros. ( )

   b) Ao chefe da Igreja Ortodoxa. ( )

   c) Ao imperador dos bizantinos. ( )

   d) Ao comandante supremo do exército bizantino. ( )

6. No Império Bizantino, a Igreja estava subordinada ao Estado. Essa prática denomina-se _____.

O GOVERNO DE JUSTINIANO

Justiniano (527 a 565) é considerado o mais importante imperador bizantino. Seu governo marcou o apogeu do Império.

Dentre os acontecimentos de seu governo, podemos destacar:

- **Expansão do império** – um dos objetivos de Justiniano era recuperar as terras e reconstruir o antigo Império Romano. Para isso, realizou campanhas militares no norte da África, na Itália e na Península Ibérica. Durante algum tempo, o Mediterrâneo voltou a ser o *Mare Nostrum*, e o império viveu uma etapa de esplendor.

- **Direito** – a maior realização de Justiniano foi a revisão e a codificação do Direito Romano. Com esse objetivo, foram convocados os principais juristas bizantinos, que, sob a orientação de Triboniano, publicaram o *Corpus Juris Civilis* (Código de Direito Civil). Esse código era dividido em quatro partes: **Código**, reunião das leis romanas publicadas desde o governo de Adriano; **Digesto**, compilação dos trabalhos de jurisprudência; **Novelas**, os decretos de Justiniano e de seus sucessores; e **Institutas**, espécie de manual de Direito para uso dos estudiosos.

- **Construção da Igreja de Santa Sofia** – Justiniano mandou construir essa igreja como expressão da grandiosidade de seu governo. É a obra mais representativa da arquitetura bizantina.

- **Revolta de Nika** – foi uma revolta de grande parte da população de Constantinopla, que estava descontente com os pesados tributos e a forma agressiva como eles eram cobrados. A revolta se iniciou no hipódromo da cidade e, após oito dias de luta, os rebeldes foram derrotados pelo general Belisário, que matou mais de 30 mil pessoas.

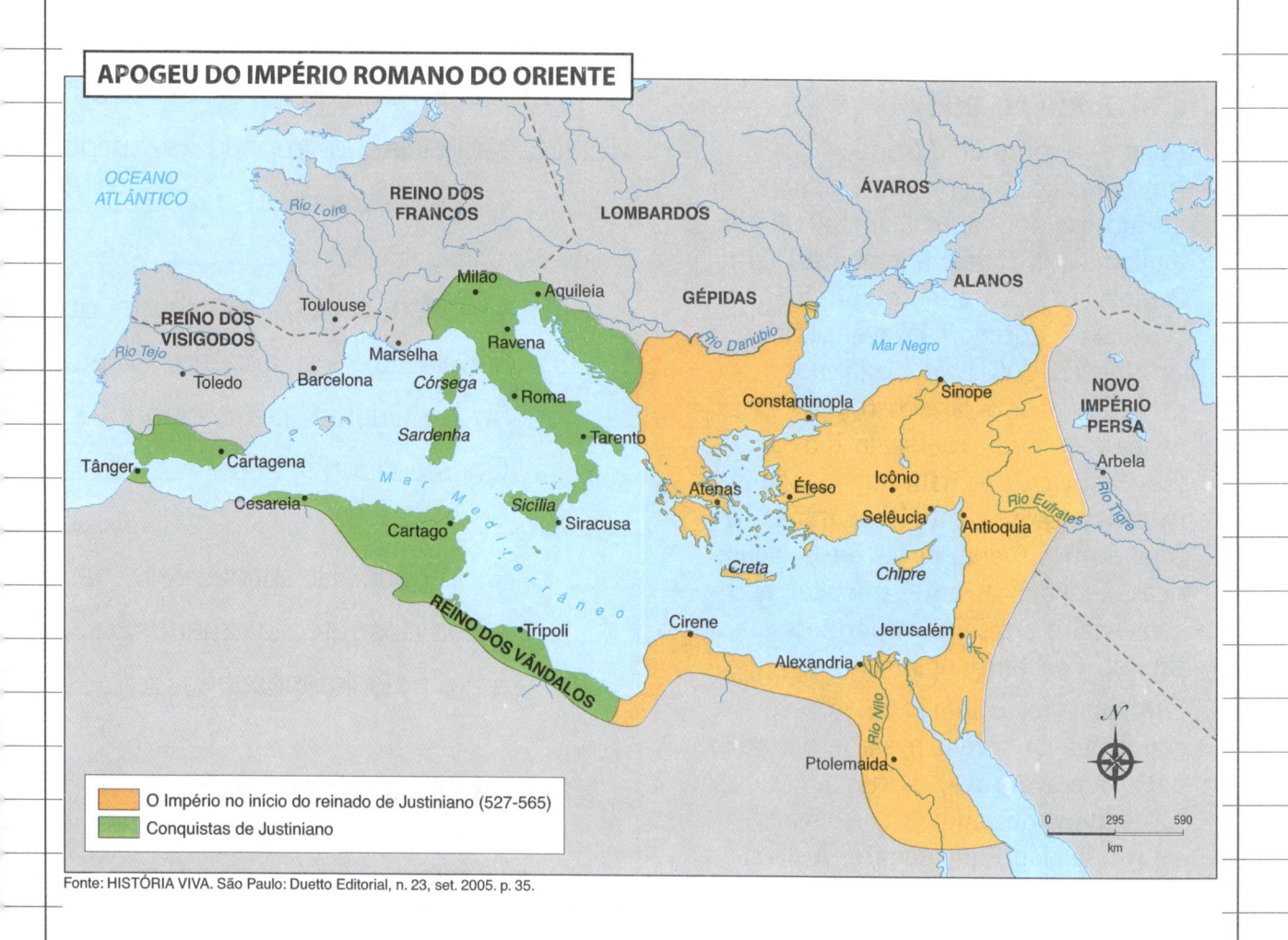

APOGEU DO IMPÉRIO ROMANO DO ORIENTE

Fonte: HISTÓRIA VIVA. São Paulo: Duetto Editorial, n. 23, set. 2005. p. 35.

- O Império no início do reinado de Justiniano (527-565)
- Conquistas de Justiniano

7. O apogeu do Império Bizantino ocorreu no governo do imperador _____. Entre suas obras de destaque está a construção da _____, uma das mais representativas obras da _____ bizantina.

8. O Direito Romano foi revisado e codificado por juristas importantes do Império Bizantino, dando origem ao _____, que pode ser dividido em:

9. O que foi a Revolta de Nika? Qual o seu resultado?

119

O DECLÍNIO DO IMPÉRIO

Após o governo de Justiniano, as fronteiras do Império começaram a ser ameaçadas por vários povos. Os bárbaros lombardos iniciaram a conquista da Península Itálica e, no século VIII, tomaram o ducado de Ravena. Nos séculos VII e VIII, os bizantinos perderam para os árabes o norte da África e o sul da Península Ibérica. Eles também acabaram dominando a Palestina, a Síria e a Mesopotâmia. O Império ficou reduzido às áreas menos ricas. Economicamente, o único centro comercial e artesanal importante era a capital, Constantinopla.

Enfraquecido, o Império não teve condições de defender-se de um novo povo que avançava, os turco-otomanos, de religião muçulmana, e foi reduzido rapidamente. A partir da segunda metade do século XIV, limitava-se à capital e a algumas terras costeiras dos mares Egeu e Negro. Em 1453, os turco-otomanos tomaram Constantinopla, pondo fim ao Império Bizantino.

10. Coloque F para falso e V para verdadeiro.

a) Depois de ter dominado extensos territórios, o Império Bizantino foi sendo derrotado por outros povos e ficou reduzido às áreas menos ricas. ( )

b) No governo de Justiniano, a decadência do Império Bizantino chegou ao auge. ( )

c) O único centro importante no século XIV, no Império Romano do Oriente, era a cidade de Constantinopla. ( )

d) O Império Bizantino caiu nas mãos dos turco-otomanos, que eram muçulmanos. ( )

A ECONOMIA E A SOCIEDADE

O comércio era uma relevante fonte de renda para a economia bizantina. Para Constantinopla, convergiam importantíssimas rotas comerciais, que ligavam o Extremo Oriente e o Ocidente europeu, principalmente a partir do século XI, quando o rendoso comércio entre as Índias e a Europa começou a ser monopolizado pelos genoveses e venezianos.

As famosas especiarias – cravo, canela, pimenta-do-reino, gengibre, noz-moscada, açúcar – e os produtos de luxo eram armazenados em Constantinopla e, posteriormente, distribuídos na Europa por comerciantes italianos.

O Estado intervinha intensamente na economia, impondo regulamentos ao comércio e ao artesanato (dedicado especialmente aos artigos de luxo) e reservando para si o monopólio de cunhar moedas.

Na sociedade bizantina, o aspecto

mais característico foi a mescla de povos asiáticos, europeus e africanos que compunham a sociedade. Existiam grandes diferenças sociais. As camadas privilegiadas eram formadas pelo imperador e sua corte, os grandes proprietários de terra e os grandes comerciantes.

A maioria da população vivia miseravelmente. O camponês e o trabalhador urbano não tinham possibilidade de ascensão social. A escravidão era adotada oficialmente, e os escravos eram usados para realizar os trabalhos domésticos e os serviços públicos.

11. O que eram especiarias e como eram comercializadas a partir do século XI?

12. Quais eram e como se caracterizavam as camadas sociais no Império Bizantino?

A IGREJA CRISTÃ E O IMPÉRIO

A Igreja desempenhou importante papel no Império Bizantino. A religião dominante era a cristã; entretanto, o cristianismo apresentava também características orientais. O imperador, considerado sucessor dos apóstolos, tentava controlar as atividades religiosas, que eram dirigidas pelo patriarca de Constantinopla, ao qual obedeciam os padres e monges.

Divergências entre o papado e o patriarcado provocaram a separação definitiva entre as Igrejas do Ocidente e do Oriente. Em 1054, deu-se o **Cisma do Oriente**, que resultou na cisão da cristandade em:

- **Igreja Católica Apostólica Romana**, na época liderada pelo papa Leão IX;
- **Igreja Católica Ortodoxa Grega**, tendo como chefe o patriarca de Constantinopla, Miguel Cerulário.

13. Em 1504, ocorreu a divisão da cristandade. Como se chamou esse episódio e quais as Igrejas que surgiram?

14. A arquitetura bizantina apresenta o sistema de _____, que lhe dá um caráter suntuoso. A mais importante construção bizantina foi a _____.

15. A literatura bizantina teve forte ligação com a cultura _____, mas também sofreu influência do _____.

> **O DESENVOLVIMENTO ARTÍSTICO**
>
> A cultura bizantina representou uma síntese de elementos orientais e ocidentais:
>
> - na produção literária, os bizantinos conservaram o elo com a cultura grega, pois mantinham vivas a poesia e a retórica. Entretanto, o cristianismo também deixou marcas na literatura;
> - na pintura, as imagens de ícones de aspecto austero, em metal, madeira ou em mosaicos, são apreciadas até os nossos dias como relíquias da humanidade;
> - na escultura, destacam-se as estatuetas de marfim, de cunho religioso;
> - na arquitetura, suas obras caracterizam-se pela riqueza da ornamentação e pelo predomínio do sistema de cúpulas nas construções, o que lhes dá caráter de suntuosidade. A mais notável manifestação artística é a Igreja de Santa Sofia.

Revisão

1. O Império Bizantino formou-se com a divisão do _____, feita por _____, em 395. Sua história se estende até _____, quando foi dominado pelos _____.

2. Foram destaques na civilização bizantina:

a) O *Corpus Juris Civilis*. ( )

b) A construção da Igreja de Santa Sofia. ( )

c) A expansão territorial para certas partes da Europa e da África. ( )

d) A religião católica ortodoxa. ( )

e) Todas as alternativas anteriores estão corretas. ( )

3. Foi uma revolta de grande parte da população de Constantinopla, que estava descontente com os pesados tributos e a forma agressiva como eles eram cobrados. Estamos falando:

a) Da Revolta de Nika. ( )
b) Da Revolta de Belisário. ( )
c) Dos iconoclastas. ( )
d) Do Cisma do Oriente. ( )

4. O Império Bizantino foi conquistado definitivamente pelos:

a) Turco-otomanos. ( )
b) Lombardos. ( )
c) Vândalos. ( )
d) Romanos. ( )

5. A partir do século XI, Constantinopla destacou-se como importante entreposto comercial para produtos chamados:

a) Ícones. ( )
b) Especiarias. ( )
c) Religiosos. ( )
d) De arte. ( )

6. O que foi o Cisma do Oriente?

Anotações

13. Os árabes

O povo árabe habitava a Península Arábica, situada entre o golfo Pérsico e o mar Vermelho. Na região que margeia o mar Vermelho, as terras são férteis, favoráveis ao desenvolvimento da agricultura. A parte central da península, ao contrário, é composta de terras desérticas, onde, de quando em quando, aparece um oásis. Os árabes que viviam próximo ao litoral eram sedentários e se dedicavam ao cultivo e ao comércio de seus produtos: cereais, incenso, especiarias e essências.

O deserto era habitado por tribos dos chamados beduínos, chefiadas pelos xeques. Viviam em função dos oásis. Eram pastores nômades e dedicavam-se ao comércio. Suas caravanas cruzavam o deserto, carregadas de produtos a serem vendidos nos povoados. O controle dos oásis provocava frequentes guerras entre as tribos.

1. Qual região foi habitada originalmente pelos árabes? Quais as características geográficas dessa região?

2. Como viviam os árabes do litoral da Península Arábica?

3. Quem eram os beduínos e quem os chefiava? Como viviam?

Os árabes tinham religião politeísta, e cada tribo possuía suas próprias divindades. Contudo, existia um elemento religioso comum, a **Caaba**, um templo de forma cúbica, na cidade de Meca, onde ficavam muitos ídolos tribais, em especial a Pedra Negra, que era adorada por toda a população. Segundo a crença geral, essa pedra havia sido trazida pelo anjo Gabriel e era originalmente branca, mas tornou-se negra por causa dos pecados dos homens.

As constantes peregrinações dos árabes à Caaba transformaram Meca no principal entreposto comercial de toda a península. A tribo coraixita, guardiã da Caaba, controlava todas as atividades comerciais da cidade.

4. Como era a religião árabe antes do islamismo?

5. O que era a Caaba?

6. Qual era o principal entreposto comercial da península Arábica e qual a tribo que controlava essa cidade?

Durante vários séculos, os árabes mantiveram-se dispersos, sem unificação política. Contudo, no século VIII, em função de uma reforma religiosa promovida por Maomé, constituíram um único Estado, que se expandiu e formou um grande império.

A religião criada no século VII por Maomé – o **islamismo** – proporcionou a unificação da Arábia.

Em 622, Maomé e seus seguidores fugiram de Meca e se refugiaram na cidade de Yatreb. Mais tarde, essa cidade passou a ser conhecida como Medina, que significa "cidade do profeta". Pela importância dessa fuga para os muçulmanos, o ano em que ela ocorreu, 622, passou a ser o primeiro ano de seu calendário.

Após uma série de lutas, Maomé, em 630, voltou vitorioso para Meca. Contudo, preservou a Caaba e um dos seus ídolos, a Pedra Negra. Dedicou os últimos anos de sua vida à pregação religiosa entre os árabes. Quando morreu, em 632, toda a Arábia estava islamizada.

Entre os séculos VIII e XVI, os árabes formaram um grande império – o Império Muçulmano –, e o islamismo foi difundido por toda a região conquistada. Nesse império, houve o crescimento das cidades e um significativo desenvolvimento do comércio.

Atualmente, a religião islâmica é praticada em muitos países, contando com milhões de adeptos.

7. A "cidade do profeta" foi uma cidade árabe que abrigou Maomé quando ele fugia de seus perseguidores. Estamos falando de:

a) Bagdá. ( )

b) Meca. ( )

c) Medina. ( )

d) Caaba. ( )

O ISLAMISMO

Os princípios do islamismo estão contidos no **Corão**, livro sagrado escrito pelos discípulos de Maomé e fundamentado nos ensinamentos do profeta:

- crença em um único deus, Alá, senhor da criação;
- crença nos profetas, sendo Maomé o último e o mais importante;
- crença na predestinação, isto é, todas as coisas que ocorrem são determinadas por Alá;
- crença na imortalidade da alma e no juízo final.

O Corão estabelece normas de conduta para a pessoa tornar-se um muçulmano exemplar. As mais importantes são:

- orar cinco vezes ao dia, voltado para Meca;
- peregrinar a Meca ao menos uma vez na vida;
- dar esmolas e praticar a hospitalidade para com os muçulmanos e os estrangeiros;
- jejuar do nascer do dia até o pôr do sol, durante o mês de Ramadã, nono mês do ano;
- combater os infiéis em nome de Alá por meio da Guerra Santa.

O Corão estabelece ainda outras normas: não comer carne de porco; não tomar bebidas alcoólicas; submissão da mulher ao homem; permissão da poligamia e do divórcio; não representar Deus de nenhuma forma (esculturas, pinturas etc.).

8. Coloque F para falso e V para verdadeiro.

a) O islamismo é uma religião monoteísta porque prega a existência de um único deus, Alá. ( )

b) Para o islamismo, Deus deve ser representado em esculturas e pinturas, dentro dos templos. ( )

c) A cidade santa do islamismo é Meca, e todo muçulmano deve visitá-la ao menos uma vez na vida. ( )

d) Para os muçulmanos, tudo que acontece já foi decidido por Deus (crença na predestinação dos homens). ( )

O IMPÉRIO MUÇULMANO

Após a morte de Maomé, a chefia do Estado árabe ficou nas mãos dos califas, chefes políticos, religiosos e militares que se diziam sucessores do profeta. Esses novos chefes conduziram os árabes à Guerra Santa e, com isso, formaram um grande império.

Os árabes gradativamente conquistaram a Síria, o Egito, a Palestina e a Pérsia. A conversão ao islamismo de grande parte dos povos dominados fez com que contassem com recursos e homens para continuar as conquistas. No século VII, rapidamente atingiram todo o norte da África. No início do século VIII, atravessaram o estreito de Gibraltar e invadiram a Península Ibérica. Ao tentarem entrar na França, foram detidos por Carlos Martel, que os derrotou na Batalha de Poitiers (732). Nessa mesma época, no lado oriental, alcançaram o Turquestão, o Irã, levando as fronteiras até a Índia, onde foram detidos pelos exércitos chineses.

O Império Muçulmano organizou-se sob um regime monárquico de governo, que tinha à frente o califa. O Império estava dividido em províncias, cada uma governada por um emir. A capital foi estabelecida em Damasco, que havia sido uma importante cidade bizantina. No século VIII, foi transferida para Bagdá.

A partir do século XI, o Império entrou em decadência e fragmentou-se, em consequência de vários fatores: lutas internas, guerras contra os cristãos, multiplicidade de povos e, finalmente, invasão dos turcos.

9. Quais os motivos para o Império Muçulmano ter entrado em decadência?

CULTURA ÁRABE

Do frequente contato, mantido durante séculos, entre as civilizações cristã e muçulmana, resultou um intercâmbio cultural cujos vestígios chegam até os nossos dias.

Nas ciências, os árabes mostraram-se hábeis discípulos dos pensadores gregos e dos matemáticos hindus: foram eles que introduziram no mundo ocidental europeu a numeração arábica, o conhecimento do zero e a utilização da álgebra.

Na Astronomia, fundaram vários observatórios astronômicos, realizando observações de eclipses solares e lunares.

Na Medicina, destacou-se Avicena, o qual elaborou um compêndio que compreendia todo o conhecimento médico antigo.

Na Física, dedicaram-se aos estudos dos fenômenos da ótica.

Na Alquimia – que deu origem à química moderna –, procurando produzir o elixir da longa vida e a pedra filosofal, capaz de transformar outros metais em ouro, os árabes descobriram o álcool e as propriedades dos ácidos e sais.

Nas artes, possuíam um rico e variado estilo arquitetônico, com a presença de arcos, finas colunas e cúpulas que sustentavam as mesquitas e os palácios. Destacam-se a mesquita de Córdoba, com mais de mil colunas monolíticas, e o palácio de Alhambra, em Granada, ambos na Espanha.

Na literatura, o destaque coube ao poeta Omar Kayyam, cuja principal obra foi *Rubayyat*.

10. Associe corretamente.

a) Avicena

b) Omar Kayyam

c) Alhambra

d) Córdoba

( ) Local onde os árabes construíram uma mesquita na Espanha.

( ) Nome de um palácio árabe na Espanha.

( ) Poeta árabe, autor de *Rubayyat*.

( ) Famoso médico árabe.

Revisão

1. O povo árabe habitava a _____, situada entre o _____ e o _____. O deserto era habitado por tribos dos chamados _____, chefiadas pelos _____, que viviam em função dos _____.

2. A primitiva religião dos árabes era _____, mas tornou-se _____ com as reformas feitas por _____, que passou a pregar a crença em _____, fundando o _____.

3. A principal consequência do islamismo foi:

a) A conversão de toda a Europa à nova religião. ( )

b) A unificação dos árabes em um único Estado, no século VIII. ( )

c) O hábito de visitar Meca pelo menos uma vez na vida. ( )

d) A divisão da península Arábica em diversas tribos. ( )

4. Os princípios do islamismo estão contidos no _____, livro sagrado dos _____.

5. A Caaba é:

a) A "cidade do profeta", isto é, uma cidade árabe que abrigou Maomé quando ele fugia de seus perseguidores. ( )

b) Um templo muçulmano situado em Meca, onde se encontra uma pedra preta, considerada sagrada. ( )

c) Nome da prática do jejum, comum entre os árabes. ( )

d) O batismo árabe. ( )

6. Quais são os princípios mais importantes do islamismo?

7. O que se entende por "Guerra Santa"?

14. O feudalismo

No período medieval, a Europa ocidental conheceu um sistema político, econômico e social denominado feudalismo. Predominou do século IX ao século XI, mas suas origens encontram-se na crise do Império Romano do Ocidente, a partir do século III. Começou a declinar no fim do século XI, quando teve início a desintegração lenta e gradual das relações servis de produção.

O feudalismo não foi idêntico em todas as regiões da Europa, sendo mais acentuado na França. Na Península Ibérica estava ocorrendo a luta entre os cristãos e os mouros. Na Península Itálica, o feudalismo convivia com a atividade urbana e comercial de algumas cidades, como Veneza, Pisa e Gênova.

1. O que se entende por feudalismo?

2. Em que época já começaram a surgir características feudais na sociedade europeia?

AS ORIGENS DO FEUDALISMO

A ocupação dos bárbaros na porção ocidental do Império Romano provocou insegurança entre a população, redução da atividade comercial e da vida urbana. Houve um processo de ruralização da sociedade e, como os grandes proprietários de terras garantiam proteção às pessoas que abandonavam a cidade buscando o campo, eles tiveram seu poder aumentado.

Essa ruralização acentuou-se com:

- os constantes ataques dos árabes nas cidades litorâneas da Europa, levando a população a fugir para o interior do continente (século VIII);
- o desmembramento do Império Carolíngio, o que provocou o enfraquecimento do poder real;
- as invasões dos normandos (também chamados de *vikings*) e húngaros, no século IX, aumentando o clima de insegurança na Europa. Em decorrência, como os senhores de terras organizavam a defesa nas suas propriedades, tiveram seu poder político aumentado.

Algumas instituições que vigoraram durante o feudalismo foram herdadas dos romanos e dos bárbaros germanos:

- **clientela** – na antiga Roma, havia o cliente, em geral um plebeu que, em busca de proteção e ajuda, ligava-se a um patrício. Em troca, prestava serviços e fornecia rendas ao seu protetor. Essa relação de dependência era muito semelhante à que o servo tinha com o senhor durante o feudalismo;

- **colonato** – instituição romana que obrigava o colono a permanecer nas propriedades rurais;
- **comitatus** – instituição germana pela qual os guerreiros se uniam voluntariamente em torno de um líder militar, ao qual deviam total obediência;
- **benefício** – instituição que vigorava no Império Carolíngio. Consistia na doação de terras como recompensa por serviços prestados, principalmente ajuda militar.

3. Explique por que o poder dos grandes proprietários de terra aumentou na época em que o Império Romano do Ocidente entrou em crise.

4. Quais foram as instituições feudais herdadas dos romanos?

5. Quais foram as instituições feudais herdadas dos germanos?

6. Complete com o nome da instituição feudal.

a) Doação de terras como recompensa por serviços prestados:

b) O colono era obrigado a permanecer nas terras que cultivava:

c) Em troca de proteção, o trabalhador entregava parte da produção ao senhor:

d) Vários guerreiros juravam obediência a um chefe militar:

7. A ruralização da Europa durante a Idade Média acentuou-se por causa de:

a) Ataques dos árabes nas cidades litorâneas da Europa. ( )

b) Desmembramento do Império Carolíngio. ( )

c) Invasões dos normandos (também chamados de *vikings*) e húngaros, no século IX. ( )

d) Todas as alternativas anteriores estão corretas. ( )

A SOCIEDADE FEUDAL

A sociedade feudal europeia estava dividida em três estamentos, com funções definidas: a nobreza, o clero e os camponeses.

Nobreza: era o estamento dominante. Apropriava-se da produção servil e administrava a justiça, criava e cobrava impostos, cunhava moedas, determinava a guerra e a paz.

Clero: dividido em alto e baixo, dedicava-se à oração e à propagação da fé cristã e justificava as relações sociais. A Igreja detinha o monopólio do saber e do conhecimento.

Camponeses: formavam o estamento não privilegiado; divididos em duas categorias: servos (trabalhavam a terra e estavam presos a ela, não podendo abandonar o feudo) e vilões (trabalhadores livres, com obrigações definidas em contrato de trabalho). As obrigações servis eram: cultivar a terra e pagar tributos. Dentre os tributos, destacam-se:

- **corveia** – trabalho compulsório nos domínios do senhor, como restaurar pontes, residências, construir estradas etc.;
- **talha** – uma parte da produção deveria ser entregue ao senhor, como forma de pagamento pelo uso da terra;
- **capitação** – tributo pago por pessoa conforme o que o senhor estipulasse. O tributo era pago somente pelo servo, o vilão estava isento;
- **censo** – tributo (renda anual em dinheiro) pago somente pelo vilão pelo uso da terra;
- **banalidade** – espécie de retribuição que os servos deviam ao senhor feudal pela utilização do forno ou do moinho;
- **taxas de justiça** – vilões e servos pagavam taxas para serem julgados no tribunal do senhor;
- **taxas de casamento** – quando o servo resolvia casar fora do seu feudo, era obrigado a pagar a taxa de consórcio;
- **mão-morta** – após a morte do servo, a família era obrigada a pagar essa taxa ao senhor feudal.

8. Como estava dividida a sociedade feudal?

9. Os camponeses estavam divididos em duas categorias:

a) _____, que estavam presos à _____, não podendo abandonar o _____.

b) _____, que eram trabalhadores _____, com obrigações definidas em _____.

10. Complete com o nome do tributo.

a) Após a morte do servo, a família era obrigada a pagar essa taxa ao senhor feudal: _____.

b) Imposto sobre a renda anual, pago somente pelo vilão pelo uso da terra: _____.

c) Vilões e servos pagavam essa taxa para serem julgados no tribunal do senhor: _____.

d) Trabalho compulsório nos domínios do senhor, como restaurar pontes e residências, construir estradas etc.: _____.

e) Uma parte da produção deveria ser entregue ao senhor, como forma de pagamento pelo uso da terra: _____.

f) Tributo pago por pessoa conforme o que o senhor estipulasse. Somente pago pelo servo, o vilão estava isento: _____.

g) Espécie de retribuição que os servos deviam ao senhor feudal pela utilização do forno ou do moinho: _____.

h) Quando o servo resolvia casar fora do seu feudo, era obrigado a pagar essa taxa: _____.

A ECONOMIA FEUDAL

A economia feudal estava voltada para a agricultura. Os feudos eram autossuficientes, isto é, produziam tudo aquilo de que necessitavam para sobreviver. Neles havia uma pequena circulação monetária e as trocas de gêneros, na maioria dos casos, eram feitas *in natura*.

Predominavam as relações servis de produção, baseadas nas obrigações compulsórias impostas pelos senhores ao servo. As técnicas de cultivo eram rudimentares, e o resultado era a baixa produtividade. Para melhor aproveitamento das terras, utilizava-se o sistema dos três campos. Enquanto dois campos eram cultivados, o terceiro permanecia em repouso. Nesse sistema havia a rotatividade de culturas. Por exemplo, num campo plantava-se trigo no primeiro ano, cevada no segundo, e no terceiro ele ficava em repouso.

Além da agricultura, os camponeses criavam suínos, bovinos e aves, e ainda abelhas para a produção de mel, utilizado para adoçar os alimentos.

11. Qual era a base econômica do feudalismo?

12. Quais as características econômicas do feudo?

A POLÍTICA NO TEMPO DO FEUDALISMO

A relação política fundamental era a suserania e a vassalagem (aquele que doava o feudo era o **suserano**; aquele que o recebia era o **vassalo**).

Os vassalos tinham a posse da arrecadação dos tributos e a aplicação da justiça, baseada em costumes; formavam milícias locais e cunhavam moeda.

Desde que ocorreu a fragmentação do Império Carolíngio, aos poucos os monarcas passaram a ter somente o poder de direito, pois os senhores feudais eram quem exercia o poder de fato. Portanto, o rei continuou existindo durante o feudalismo, só que não governava.

O poder político era descentralizado, local, pois cada senhor feudal detinha todos os poderes dentro do seu feudo e ainda os seguintes privilégios:

- posse da arrecadação dos tributos;
- aplicação da justiça baseada no costume, o **direito consuetudinário**;
- formação de milícias locais para defender seus domínios;
- cunhagem de moedas, bem como imposição do valor dos produtos comercializáveis.

13. Coloque F para falso e V para verdadeiro.

a) No feudalismo, o rei tinha poder absoluto sobre a nobreza. ( )

b) Entre os nobres, vigoravam relações de suserania e vassalagem. ( )

c) Vassalo e servo significam a mesma coisa. ( )

d) No feudalismo, o rei existia mas não governava de fato. ( )

e) No feudalismo, ocorria uma descentralização do poder político, isto é, cada feudo era governado por seu senhor. ( )

f) Eram privilégios do senhor feudal: arrecadar impostos, aplicar a justiça, formar milícias e decidir o preço de produtos comercializáveis. ( )

g) O direito feudal era baseado exclusivamente em leis escritas. ( )

Revisão

1. Podemos definir feudalismo como:
a) Sistema político, econômico e social que vigorou do século IX ao século XI na Europa ocidental, no período medieval. ( )

b) Sistema político descentralizado e local, pois o senhor feudal detinha todos os poderes dentro do seu feudo. ( )

c) Sistema político em que a realeza é fraca e a nobreza, proprietária de terras, é forte. ( )

d) Todas as alternativas anteriores estão corretas. ( )

2. Caracterize os três estamentos da sociedade feudal.

a) Nobreza:

b) Clero:

c) Camponeses:

3. No feudalismo, _____ era o nobre que doava um feudo e _____ era o nobre que recebia um feudo.

4. A base econômica do feudalismo foi:

a) A produção de mel. ( )

b) A pecuária. ( )

c) O comércio. ( )

d) A agricultura. ( )

5. Foi uma técnica de cultivo empregada nos feudos:

a) A queimada. ( )

b) O sistema de três campos. ( )

c) O emprego de adubo artificial. ( )

d) Deixar tudo por conta da natureza. ( )

Anotações